REDLINE WIRTSCHAFT

Heinz Feldmann

Preisverhandlungen leicht gemacht

Warum Menschen keine Rabatte und Nachlässe kaufen

REDLINE WIRTSCHAFT

Heinz Feldmann
Preisverhandlungen leicht gemacht
Warum Menschen keine Rabatte und Nachlässe kaufen
Heidelberg: Redline Wirtschaft, 2005
ISBN 3-636-01284-3

Unsere Web-Adresse:
http://www.redline-wirtschaft.de

Umschlag: INIT, Büro für Gestaltung, Bielefeld
Coverabbildung: Mauritius Images, Mitterwald

Ein Unternehmen der Süddeutscher Verlag Hüthig Fachinformationen
Satz: Beate Soltész, Redline Wirtschaft, Wien
Druck: Himmer, Augsburg
Printed in Germany

Inhaltsverzeichnis

Vorwort

von Erich-Norbert Detroy

Als ich zum ersten Mal von diesem Buchprojekt erfuhr, war ich – offen gesagt – etwas skeptisch, wenn nicht gar sauer. Nicht, weil ich Heinz Feldmann die Fähigkeiten absprechen wollte, so ein Buch zu schreiben. Darum ging es nicht – ganz im Gegenteil. Ich kannte ihn ja. Meine Sorge gründete vielmehr darin, dass ich – mit Verlaub – zu dem Thema Preisverhandlung in den letzten Jahren und Jahrzehnten schon einiges veröffentlicht habe. Also dachte ich mir: Was tritt da einer in meine Domäne ein? Ist das nur eine Konkurrenzliteratur zur meinigen? Abgeschrieben – wie so vieles?

Belebt Konkurrenz das Geschäft?

Oder muss man sich davor fürchten?

Heinz Feldmann sandte mir das Manuskript – unaufgefordert.

Und nun bin ich nicht nur beruhigt, sondern geradezu hocherfreut. Es geht Heinz in dem vorliegenden Buch offensichtlich nicht darum, zwanghaft irgendwelche Neuigkeiten zu erfinden. Nein, auf den folgenden Seiten finden Sie, sehr geehrte Leserin, sehr geehrter Leser, praxisnahe Betrachtungen vom Feinsten. Mit Wortwitz, Selbstironie und auch bei seinen Ausflügen in die „Alltags-Philosophie" wirkt das Buch nie abgehoben und punktet mit einer gnadenlosen Offenheit zu den spannendsten Themen des Kundenkontaktes.

Dieses Werk ist für Anfänger und Profis gleichermaßen Anregung und Ideenquelle zur sofortigen Umsetzung in die eigene Praxis. Egal, ob Sie Verkäufer/-in, Freiberufler/-in, Manager/-in oder Unternehmer/-in sind.

Mein persönlicher Tipp für Sie: Bevor Sie ein Kapitel ganz lesen, nehmen Sie sich die paar Minuten Zeit und beantworten Sie die Fragen und Problemstellungen am Kapitelanfang. Idealerweise machen Sie das gleich schriftlich. Sie werden Ihren Nutzen aus dieser Lektüre dadurch noch vervielfachen.

Wenn es mehrere junge Autor/-innen und Trainerkolleg/-innen wie Heinz Feldmann gibt, ist mir um unsere Zukunft nicht bange. Wenn ich dazu (wie Heinz immer wieder beteuert) auch ein wenig Wegbereiter war, freut mich das natürlich.

Nun will ich Sie nicht länger auf die Folter spannen und wünsche Ihnen vergnügliche, lehrreiche und bereichernde Stunden!

Ihr *Erich-Norbert Detroy*
www.detroy-consultants.de

1 Einleitung

Warum (noch) ein Buch über Preisverhandlung?

Im heutigen Wirtschaftsalltag ist der Wettbewerb schnelllebig und preissensitiv wie nie zuvor. Es regiert das Diktat des Marktes. Geiz ist angeblich „geil" (igitt) und Handeln ist „in". Jede/r von uns kommt mitunter in die Situation des „Verkäufers", die/der ihren/seinen Preis durchsetzen will. Dabei werden täglich weltweit Millionen an Gewinnen verschenkt, weil die/der „Verkäufer/-in" zu wenig von Preisverhandlung versteht. In den vergangenen Jahren ist Feilschen wieder modern geworden. Es ist sozusagen absolut salonfähig, nach einem Preisnachlass zu fragen. Handeln ist überaus trendy. Es gibt Tiefpreisgarantien, Internetsuchmaschinen, die den günstigsten Preis ausfindig machen, und diverse Zeitgeistmagazine erklären uns, wo wir die besten „Schnäppchen" ergattern können.

Für wen ist dieses Buch geschrieben?

Mit diesem Buch wende ich mich an alle, die in der einen oder anderen Form „ihren" Preis verhandeln und durchsetzen wollen. Ich richte mich an Verkäufer/-innen im Außendienst und Key-Account-Manager/-innen, Verkäufer/-innen im Innendienst, Verkäufer/-innen im Call-Center, Verkäufer/-innen in Shops, Verkaufsleiter/-innen, Geschäftsführer/-innen, Firmeninhaber/-innen, Freiberufler/-innen, Verkaufstrainerkollegen/-innen, Ärzte/-innen in der freien Praxis, selbständige Handwerker/-innen und Gewerbetreibende und Künstler/-innen.

Ihnen allen soll das vorliegende Buch helfen, einen fairen Preis für Ihre Arbeit,

Ihre Leistung, Ihr Service und Ihre Waren durchzusetzen. Sichern und steigern Sie damit Ihr Einkommen!

Wie können Sie das meiste aus diesem Buch herausholen?

Sie können das Buch ganz normal von vorne bis hinten durchlesen, die Fragestellungen zu den einzelnen Kapiteln beantworten und die für Sie wichtigsten Inhalte markieren oder herausschreiben. Das Buch ist so aufgebaut, dass auch ein Quereinstieg in die einzelnen Kapitel leicht machbar ist. Lesen Sie einfach die drei Fragen und drei Problemstellungen am jeweiligen Kapitelanfang. So finden Sie schnell heraus, was für Sie interessant ist.

- Sie können das Buch auch ganz situativ in Ihrer Praxis einsetzen. Direkt **vor einem wichtigen Preisgespräch** empfehle ich Ihnen die **Kapitel 8, 9, 11 und 12.**
- Wollen Sie sich auf **Preisverhandlungen ganz generell** vorbereiten, so empfehle ich Ihnen das **Kapitel 8.**
- Steht Ihnen ein Gespräch mit einem **Profieinkäufer** bevor, dann können Sie sich mit dem **Kapitel 12** darauf einstimmen.
- Wenn Sie für Ihre Produkte oder Leistungen **neues Werbematerial** (Prospekte, Broschüren, Internetauftritt etc.) planen, so hilft es, wenn Sie dazu das **Kapitel 10** konsultieren.
- Sind Sie gerade dabei, **neue Preise zu kalkulieren,** so ist das **Kapitel 6** sehr brauchbar.
- Suchen Sie nach **Argumenten gegen Dumpingpreise,** so finden Sie dazu Informationen im **Kapitel 5.**
- Um ein **schriftliches Angebot** zu verfassen, finden Sie Informationen im **Kapitel 14.**
- Wollen Sie Ihre **Preise erhöhen,** so lesen Sie bitte **Kapitel 15.**

Wenn Sie derzeit keine Zeit haben, dieses Buch zu lesen, so geben Sie es an den besten Verkäufer oder die beste Verkäuferin weiter, mit der Bitte, bei der nächsten Verkaufstagung darüber zu berichten.

Kapiteleinstieg mit drei Fragen und drei Problemlösungen

Zu Beginn eines jeden Kapitels finden Sie drei Fragen und drei Problemstellungen, die sich auf den jeweiligen Kapitelinhalt beziehen. Das hat zwei Vorteile: Erstens können Sie für sich abklären, ob das Kapitel und die gebotenen Themen für Sie interessant sind, und zweitens werden Sie durch die Beantwortung der Fragen mental auf das Kapitel vorbereitet.

Bei diesen Fragen und Problemstellungen gibt es keine „richtige" Antwort im engeren Sinne. Im Gegenteil, es gibt immer mehrere Wege nach Rom. So auch im Verkauf und in der Preisverhandlung. Mir geht es also nicht um „richtige" oder „falsche" Antworten, sondern um eine gedankliche Auseinandersetzung und Lösungsfindung für die jeweilige Praxissituation. Viele Antwortmöglichkeiten ergeben sich aus dem jeweiligen Kapitelinhalt. Sie können auch eigene Gedanken dazu im Internet unter **www.vbc.biz** kundtun und Antworten und Gedanken anderer Leserinnen und Leser nachlesen.

Zielsetzung

Mein Hauptziel für dieses Buch ist kein geringeres als eine zehnprozentige Steigerung Ihres persönlichen Einkommens oder Gewinnes (Ihres eigenen Unternehmens, der Abteilung, für die Sie verantwortlich sind etc.). Das macht dann einige zig Millionen aus, und ich freue mich auf das positive emotionale Feedback. Ein weiteres Ziel ist, dass Sie nach der Lektüre dieses Buches geradezu gierig und freudig erregt auf die nächste Preisverhandlung warten. Es geht also um „Lust und Freude" statt „Frust" an der Preisverhandlung.

Wenn es Ihnen gelingt, einige der Ideen aus diesem Buch in die Praxis umzusetzen und die Preisverhandlung insgesamt mit einem sportlichen Ehrgeiz (ohne Verbissenheit) und Spaß an der Sache zu betreiben, werden Sie tolle Ergebnisse erwirtschaften.

Zu guter Letzt ist es auch mein Ziel, dass Sie dieses Buch weiterempfehlen und Freunden und Bekannten, mit denen Sie es gut meinen, schenken.

Danke ...

… meinen Kund/-innen und den vielen Trainingsteilnehmerinnen und Trainingsteilnehmern, danke meinen Geschäftspartnern bei VBC, danke an das Team des Verlages Redline Wirtschaft und insbesondere Dr. Kurt Bauer, der die Idee für dieses Buch hatte und auch als Lektor zur Verfügung stand. Ein besonderes Dankeschön an zwei Frauen, ohne die dieses Buch in der Form nicht hätte entstehen können: Dr. Ferdinande Birgsteiner und Mag. Stephanie Danzinger. Zum Abschluss noch ein herzliches Dankeschön an drei Groß- und Altmeister aus dem Verkaufstrainingsgeschäft: Jan Wage, ohne dessen Unterstützung für mein erstes Buch, dieses „zweite" nicht entstehen hätte können, Erich-Norbert Detroy, der Preisverhandlungs-Zampano, und an meinen (Beinahe-)Namensvetter Heinz Goldmann, von dem ich die Idee mit den Fragestellungen zum Kapitelanfang übernommen habe.

Danke an die Leserinnen, die es akzeptieren, dass ich der einfachen Lesbarkeit halber nachfolgend auf die kombiniert weiblich/männliche Schreibweise verzichte.

Ihre Verbesserungsvorschläge

Mailen Sie mir bitte Ihre Kommentare und Verbesserungsvorschläge an
feldmann@vbc.at.
Ich werde diese nach Möglichkeit in der nächsten Ausgabe berücksichtigen. Für Vorschläge, die in das Buch einfließen, sende ich Ihnen als kleines Dankeschön bei Erscheinen ein handsigniertes „Freiexemplar".

Jetzt wünsche ich Ihnen viele gute Ideen beim Lesen.

Ihr

Heinz Feldmann

2 Verkaufen, was ist das überhaupt?

Über das zweitälteste Gewerbe

Können Sie diese drei Fragen beantworten?

1. Warum verdienen gute Verkäufer mehr als gute Lehrer und schlechte Verkäufer weniger als schlechte Lehrer?

2. Weshalb treffen wir immer wieder auf Verkäufer, die nicht so stolz auf ihren Beruf sind?

3. Könnte man durch optimierten Einsatz moderner Informationstechnologien nicht einfach auf Verkäufer verzichten?

Können Sie die drei Probleme lösen?

1. Einer meiner Kunden, der Verkaufsleiter einer bekannten überregionalen Zeitung mit gutem Image ist, erzählt mir Folgendes: Wenn er für eine Verkaufsaußendienstposition (Verkauf von Inseraten für seine angesehene Zeitung) inseriert, bekommte er (trotz angespannter Situation am Arbeitsmarkt) relativ wenige Bewerbungen. Was würden Sie ihm raten?

2. Eine gute Freundin wendet sich wegen eines Rates an Sie. Sie ist Mitte 20, hat mit gutem Erfolg an einer namhaften Universität Betriebswirtschaft studiert und überlegt jetzt, wie sie den Einstieg in den Beruf angehen soll. Sie hat einerseits das Angebot eines bekannten Markenartikelherstellers, als Juniorproduktmanagerin einzusteigen. Die Produkte, um die es geht, findet sie nicht so sexy, aber der Arbeitgeber – also das Unternehmen – ist sehr bekannt und international renommiert.
Auf der anderen Seite hat sie das Angebot, bei einem mittelständischen Unternehmen im Außendienst zu beginnen. Dort bekommt sie ein Firmenfahrzeug, ein etwas besseres Gehalt und hat die Möglichkeit, in zwei, drei Jahren bereits erste Führungsverantwortung zu übernehmen.
Was empfehlen Sie Ihrer Freundin?

3. Sie haben einen Schulfreund wieder getroffen, den Sie früher sehr gemocht haben. Das Leben hat Sie auf unterschiedliche Wege geschickt, und jetzt freuen Sie sich über das Wiedersehen. Ihre Gespräche gehen natürlich von den damaligen Schulerlebnissen über die privaten Erfolge und Misserfolge bis hin zu der beruflichen Karriere. Ihr Schulfreund erzählt Ihnen von seiner Außendiensttätigkeit bei einem Versicherungsunternehmen. Dabei erwähnt er, dass er eigentlich hauptsächlich beratend tätig ist und nicht direkt im Verkauf. Die Akquise liegt ihm nicht so, und er überlegt auch einen Jobwechsel.
Was empfehlen Sie Ihrem Schulfreund?

Als ich im zarten Alter von 15 Jahren meinem Vater eröffnete, dass ich Verkäufer werden will, war er verärgert und entsetzt. Weshalb diese Reaktion? Mein Vater hat als Kind und Teenager noch das Ende des Zweiten Weltkrieges mitbekommen und ist in sehr armen Verhältnissen aufgewachsen. In diesem Milieu waren die Karrierepläne für die Kinder relativ simpel: sobald die Pflichtschule vorbei ist, in eine Fabrik arbeiten gehen, damit Geld ins Haus kommt. Als Einziger seiner Geschwister hat mein Vater durchgesetzt, dass er eine Lehre machen durfte. Sein Traum war es, Tischler zu werden. Diesen Traum hat er mit viel Ehrgeiz, Durchhaltevermögen und Dickschädlichkeit verwirklicht. Im Alter von 40 Jahren eröffnete er dann seine eigene Tischlerei.

Nachdem er all das im Leben erreicht hatte, wollte er seinen zweitgeborenen Sohn (mich) als Nachfolger sehen. Ich aber hatte erstens seinen Dickschädel und seine Durchhaltekraft geerbt und zweitens von diversen nicht ganz freiwilligen Ferienjobs in der Tischlerei die Nase voll von manueller Arbeit.

Nun würde es sich für dieses Buch natürlich gut machen, wenn ich an dieser Stelle schreibe, dass ich meine Berufung zum Verkäufertum irgendwie daraus abgeleitet habe, Menschen selbstlos zu helfen, die für sie richtigen Dinge zu kaufen. Das war es aber, ehrlich gesagt, in meinem Falle nicht. Meine Beweggründe waren: Ich wollte einerseits mit Menschen zu tun haben und andererseits bei der Arbeit keine schmutzigen Hände bekommen.

Nun sind zwei ordentliche Dickschädel aus demselben Holz aufeinander geprallt. Die Fetzen (oder Späne) sind geflogen. Mein Vater, für den Verkäufer damals so etwas wie Speichellecker, Klinkenputzer, schleimige unterwürfige Diener (und eben keine aufrechten Handwerker) waren, hat meinem Berufswunsch nicht sofort zugestimmt. Die weiteren Details passen eher in ein Buch über systemische Familienaufstellungen und würden hier zu weit führen. Letzten Endes habe ich meinen jugendlichen Dickkopf durchgesetzt und mir selbst eine Lehrstelle als Verkäufer in einem Elektroeinzelhandelsgeschäft gefunden. Erst mit der Zeit sollte sich herausstellen, was das für ein Glücksgriff für mich war. Dazu aber mehr in einem anderen Kapitel.

Sie werden sich jetzt vielleicht fragen: „Wozu dieser Seelenstriptease?" Weil es ein ganz besonderes Problem aufwirft. Nämlich:

Das Image des Verkaufsberufes

In unserer mitteleuropäischen Kultur haben Verkäufer und „das Verkaufen“ oft ein mittelmäßiges bis schlechtes Image. Dabei sind die Hintergründe oft ähnlich, wie sie bei meinem Vater vor ca. 30 Jahren waren. Handwerk wird als „richtige“ und ehrbare Arbeit gesehen. Verkäufern und Händlern werden dagegen häufig unredliche Absichten und betrügerische Praktiken unterstellt. Das hat in der Vergangenheit unter anderem so weit geführt, dass unbeliebten Bevölkerungsgruppen (zum Beispiel den Juden) der Zugang zu Handwerksberufen verwehrt war. Handeln und Geld verleihen durften sie. Mit der Ausgrenzung und Stigmatisierung solcher Gruppen wurden gleichzeitig die Berufsbilder verunglimpft.

Wir leben zwar heute in einer aufgeklärten und modernen Gesellschaft, aber das Mittelalter und die damit teilweise verbundenen Klischees werfen ihre Schatten bis in die Gegenwart. Nun kommt noch dazu, dass es in der Tat im Verkauf auch heute (und höchstwahrscheinlich leider auch morgen) echte schwarze Schafe gibt. Menschen, die mit diebischen Absichten und mit Wegelagerer-Mentalität auf Kundenfang gehen, um diese über den Tisch zu ziehen. Man denke nur an die „Bauernfängereien“ mit den diversen „Werbeverkaufsfahrten“ etc. Glücklicherweise repräsentieren diese schwarzen Schafe nur einen ganz geringen Prozentsatz. Dann gibt es (leider) noch einen erheblichen Anteil an Verkäufern, die ihren Job nicht gut genug machen. Entweder verstehen sie zu wenig von ihrem Produkt oder von ihren Dienstleistungen, haben zu wenig Kunden- und/oder Problemlösungsorientierung oder verstehen zu wenig vom Verkaufsvorgang als solchem. Hier geht es nicht um Menschen mit schlechten Absichten, sondern nur um mangelndes Wissen und Können. Das alles heißt aber nicht, dass das Verkaufen an sich eine minderwertige Beschäftigung ist. Ganz im Gegenteil. Verkaufen ist eine der wichtigsten Tätigkeiten in einer funktionierenden Marktwirtschaft, egal, wie frei oder sozial sie sein mag.

Schwarze Schafe gibt es auch in allen anderen Berufsgruppen. Es gibt Rechtsanwälte, die das Geld ihrer Klienten veruntreuen und sich in noblen Steueroasen damit Villen kaufen; es gibt Ärzte, die geklaute Organe (von irgendeinem armen Schwein aus der Dritten Welt herausgeschnitten) für teures Geld heimlich implantieren, und es gibt Priester, die Kinder sexuell missbrauchen. Das alles heißt nicht, dass diese Berufsgruppen schlecht sind, das heißt nur, dass es schwarze Schafe gibt. So wie eben auch im Verkauf.

Sehr oft wird hingegen übersehen, dass viele berühmte und herausragende Persönlichkeiten auch Verkäufer waren. Christoph Kolumbus war unter anderem

Zuckerhändler in Madeira, bevor er zu seinen Entdeckungsreisen aufgebrochen ist. Übrigens muss er der spanischen Königin eine unglaublich tolle (Verkaufs-) Präsentation geliefert haben. Wie sonst hätte er sie dazu gebracht, ihm das Geld und die Schiffe für die aus damaliger Sicht „wahnwitzige" Idee der Entdeckung des Seeweges nach Indien zu geben. Kolumbus war zu allem Überfluss ja nicht einmal Spanier.

John D. Rockefeller, der berühmte amerikanische Ölmagnat und einer der reichsten Männer seiner Zeit, hat als Verkäufer für Holz, Getreide und Pferdefutter begonnen, bevor er zusammen mit seinem Freund und Geschäftspartner Henry M. Flagler Ölfelder zusammengekauft hat. Die daraus entstandene „Standard Oil Company" wurde so mächtig und beherrschend, dass die Firma im ersten großen amerikanischen „Antitrust-Verfahren" vom Gericht zerschlagen wurde. Das hat John und Henry aber nicht arm gemacht, weil beide durch den Zwangsverkauf Unmengen von Bargeld bekommen haben. Henry hat damit unter anderem Florida nachhaltig entwickelt.

Konosuke Matsushita, der Gründer eines der erfolgreichsten Elektronikkonzerne der Welt (Matsushita, JVC, Panasonic) hat bei seinem Onkel eine Lehre als Fahrradverkäufer begonnen.

Das sind nur einige Beispiele von Erfolgsbiografien, die zeigen, wie weit man es als guter Verkäufer im Leben bringen kann.

Verkaufen – eine Definition

Eine Beschreibung, die mir persönlich recht gut gefällt:

> **Verkaufen ist ein kreativer Akt zwischen mindestens zwei Menschen, bei dem am Ende für beide ein Mehrwert entsteht.**

Etwas nüchterner könnte man auch sagen:

> **Verkäufer ist der Mittler zwischen Anbieter (Lieferant) und Nachfrager (Kunde). Er hat sich mit beiden ausgiebig beschäftigt, kennt sich aus und hilft proaktiv dem Kunden, eine Kaufentscheidung zu fällen. Ziel ist es, eine Win-win-Situation herbeizuführen.**

Win-win-Situation heißt, dass für beide Parteien ein Mehrwert und Nutzen herauskommt (der Lieferant bekommt eine faire Gegenleistung = Geld und der Kunde bekommt eine Nutzen = Produktnutzen oder Dienstleistungsnutzen).

Etwas poetischer formuliert:

Verkäufer sind das Schmiermittel im Getriebe einer funktionierenden Marktwirtschaft.

Eine Marktwirtschaft (sei sie nun frei oder sozial gelenkt) benötigt diese Vermittler (Verkäufer), damit das System funktionieren kann. Andere Wirtschaftssysteme in unseren östlichen Nachbarländern haben versucht, ohne Verkäufer auszukommen. Nach 40 bis 50 Jahren sind sie alle Pleite gegangen. Das heißt auch:

Verkaufen ist eine kreative, herausfordernde, abwechslungsreiche Arbeit, die hohe Ansprüche und ständige Weiterbildung in unterschiedlichen Bereichen fordert.

Drei Voraussetzungen für Erfolg im Verkauf

Alles, was man im Verkauf wissen und können muss, um langfristig gute Erfolge zu haben, kann man in drei Bereiche zusammenfassen: Menschenkenntnis, Fachwissen und Verkaufswissen. Jeder Verkäufer sollte sich in allen drei Bereichen gleichmäßig und ausgeglichen stark entwickeln.

Menschenkenntnis

Verkäufer haben es mit Kunden zu tun, und Kunden sind zuallererst Menschen. So weit, so banal. Daraus ergibt sich, dass Verkäufer sehr viel Zeit mit Menschen verbringen. Daher ist es gut, wenn wir Verkäufer grundsätzlich Menschen mögen. Diese philanthrope Grundstimmung ermöglicht es uns erst, dass wir uns mit unterschiedlichsten Menschentypen auseinandersetzen und ihnen mit einer positiven Grundstimmung gegenübertreten.

Etwas wissenschaftlicher ausgedrückt könnte man sagen, dass es sich bei diesem Bereich um eine Mischung aus emotionaler und sozialer Intelligenz handelt.

Erfolgreiche Verkäufer beschäftigen sich daher viel mit Psychologie. Sie lesen Fachbücher, besuchen einschlägige Kurse oder absolvieren sogar ein Psychologiestudium.

Fachwissen

Hier geht es darum, sich im eigenen Fachbereich top auszukennen. Das kann je nach Branche unterschiedlich anspruchsvoll ausfallen. Wer zum Beispiel Finanzdienstleistungen verkauft, sollte nicht nur jeden Tag den Wirtschaftsteil mindestens einer Qualitätszeitung lesen, sondern auch ein fundiertes Wissen in allen relevanten Bereichen, inklusive Steuergesetzgebung etc., verfügen. Wer pharmazeutische Produkte oder Medizintechnik verkauft, benötigt ein profundes, ständig aktualisiertes medizinisches Wissen. Wer Telekommunikationsprodukte oder -dienste verkauft, braucht gutes, aktuelles Know-how in der Informationstechnologie und den speziellen Anwendungen. Wer Bekleidung verkauft, benötigt ein tiefes und ständig aktualisiertes Wissen über die Rohstoffe, Verarbeitung, Modetrends etc. Diese Beispiele ließen sich endlos fortführen.

Zum Fachwissen gehört auch, dass ich mich als Verkäufer im eigenen Unternehmen gut auskenne und meine eigenen Produkte aus dem Effeff beherrsche. Profiverkäufer kennen ihre Prospekte auswendig und können daraus auch präsentieren, wenn das Prospekt auf dem Kopf steht/liegt (also der Kunde gegenübersitzt). Gute Verkäufer wissen, wie die offiziellen und inoffiziellen Kanäle im eigenen Unternehmen funktionieren.

Last, not least gehört es auch in den Bereich des Fachwissens, dass ich als Verkäufer weiß, wie meine Produkte und Dienstleistungen beim Kunden eingesetzt werden und wie die wichtigsten Abläufe bei meinen Kunden funktionieren.

Beim Fachwissen handelt es sich, wie bei allen anderen Wissensbereichen, großteils um eine „Holschuld“ des Verkäufers (und nur bedingt um eine „Bringschuld“ der Firma). Es nützt also nichts, sich darauf auszureden, dass man die neuen Produkte nicht ordentlich erklärt bekommen hat und sie deshalb nicht verkaufen kann. Es liegt in der Verantwortung jedes Einzelnen, sich die notwendigen Kenntnisse anzueignen und gegebenenfalls bei den eigenen Chefs oder Lieferanten Informationen einzufordern. Wie man diese Informationen aufbereitet, damit sie im Verkaufsgespräch sinnvoll eingesetzt werden können, darum geht es unter anderem im dritten Bereich, nämlich im:

Verkaufswissen

Dabei geht es einerseits um ein tieferes Verständnis der menschlichen Kommunikation und um die Fähigkeit, ein strukturiertes Verkaufsgespräch in der Praxis zu führen. Wie so eine Struktur aussehen kann, erfahren Sie unter anderem im VBC-Colleg „8 Stufen zum Verkaufserfolg" (1. Einstimmung/Selbstverständnis; 2. Vorbereitung; 3. Gesprächseinstieg; 4. Bedarfserhebung; 5. Präsentation; 6. Einwände/Vorwände; 7. Abschluss; 8. Nachbetreuung; nähere Informationen unter **www.vbc.biz**). Im vorliegenden Buch beschäftigen wir uns in erster Linie mit der Preisverhandlung und in diesem Kapitel nur mit einigen allgemeinen Grundvoraussetzungen zum Verkaufen. Zum Verkaufswissen gehört auch, dass wir Verkäufer uns im Bereich von Werbung und Marketing weiterbilden.

Nun liegt es an jedem Verkäufer, selbst herauszufinden, in welchem Bereich er Nachholbedarf hat. Idealerweise entwickeln wir während unsers gesamten Verkäuferlebens alle drei Bereiche in einem ausgewogenen Verhältnis. Ein unausgewogenes Verhältnis steht langfristig dem Verkaufserfolg im Weg!

Jemand, der zum Beispiel hauptsächlich im Bereich **Menschenkenntnis** zu Hause ist und bei dem die anderen Bereiche weniger stark entwickelt sind, wird es schwer haben. Die Kunden werden ihn lieben und ihm viele private Probleme anvertrauen. Der Verkäufer wird zum Vertrauten, zum Ersatztherapeuten, zur Klagemauer – kaufen wird der Kunde letztendlich woanders. Verkäufer, die hauptsächlich im **Fachwissen** zu Hause sind und die anderen beiden Bereiche zu wenig entwickelt haben, werden von Kunden und Kollegen jederzeit und immer wieder in fachlichen Fragen konsultiert werden. Auch hier besteht die Gefahr, dass der Kunde woanders kauft. Es gibt dafür bereits den Begriff des „Beratungsdiebstahls". Diejenigen Verkäufer, bei denen das **Verkaufswissen** im Vergleich zu den anderen beiden Bereichen überproportional entwickelt ist, werden möglicherweise vom Kunden als aggressive „Keiler" oder „Drücker" empfunden. Bei solchen Menschen kauft man höchstens einmal und dann nie wieder.

Ethik im Verkauf

Wie in vielen anderen Berufen, so ist es auch im Verkauf vorteilhaft, sich nach bestimmten, ethischen Richtlinien zu orientieren. Das hat nichts mit Religiosität oder Spiritualität zu tun. Es geht vielmehr ganz pragmatisch darum, dass man sich idealerweise zu bestimmten Werten und Richtlinien bekennt, nach denen man sich in der täglichen Arbeit orientiert.

Welche Werte das sind, kann und soll jeder für sich selbst entscheiden. Hier nur ein Vorschlag für eine **verkäuferische Ethik,** die drei Punkte umfasst:

1. „Ich bin o. k., du bist o. k."

Im Sinne des Buches von Thomas A. Harris (siehe Literaturliste auf Seite 205) und der Transaktionsanalyse geht es hier darum, sich selbst und seinen Kunden auf dieselbe Wertschätzungsstufe zu stellen. Der erste Teil („Ich bin o. k.") bedeutet, dass ich mit mir als Mensch im Reinen bin und mich selbst mag und akzeptiere. Ohne dabei unkritisch und blind den eigenen Fehlern und Schwächen gegenüber zu sein, bin ich mir grundsätzlich dennoch selbst wohl gesonnen. Der zweite Teil („Du bist o. k.") bedeutet eben, dass wir den Kunden als gleichwertigen Gesprächspartner akzeptieren und respektieren. Das ist besonders dann gefordert, wenn ein Kunde einer anderen Generation, sozialen Schicht, Religion oder ethnischen Gruppe angehört. Ich bin also nicht der „Diener" der vor dem „König" Kunden kniet („Ich bin nicht o. k., du bist o. k."). Aber ich bin eben auch nicht der Wunderknabe, der dem „dummen" Kunden zeigt, wo es langgeht („Ich bin o. k., du bist nicht o. k.").

2. Ehrliches Interesse an den Kundenbedürfnissen

Jeder gute Verkäufer wird sich zuerst mit den Wünschen, Bedürfnissen und Möglichkeiten seines Kunden (sei das eine Person oder Institution) auseinandersetzen. Verkäufer, die sofort ohne Fragen zu stellen irgendwelche Produkte und supertollen Nutzen präsentieren, kann man vergessen. Es geht also nicht darum, welche Produkte ich dringend verkaufen muss, damit ich meinen Wettbewerb gewinne oder unser Überlager abbaue oder meine Lieferanten befriedige. Entscheidend ist: „Was braucht mein Kunde wirklich?"

3. Wenn der Kunde vom Kauf nicht profitiert – Hände weg vom Geschäft

Das klingt nun besonders hart, hat sich aber bei allen Kolleginnen und Kollegen, die langfristig erfolgreich in diesem Beruf sind, bewährt. Jeder Verkäufer kommt in seinem Berufsleben ein- oder mehrmals in die Situation, dass sein Kunde ihm blind vertraut. Es kommt zum Beispiel vor, dass der Kunde sagt: „Sie kennen sich besser aus als ich. Was soll ich nehmen?" Natürlich ist es verlockend, in der Situation in erster Linie auf den eigenen (Lieferanten-)Nutzen zu achten und dem Kunden etwas zu verkaufen, was er nicht braucht. Die Erfahrung zeigt aber, dass sich das langfristig rächt. Der Kunde kommt irgendwann dahinter, ist mit Recht sauer und erzählt es mit Recht auch anderen (potentiellen) Kunden.

Aber Achtung! Hier geht es darum, die Entscheidung wirklich aus der Sicht des Kunden zu betrachten und nicht aus der Sicht des Verkäufers.

Ein Beispiel: Als Lehrling in dem Elektrofachgeschäft war ich ein großer Hi-Fi-Freak. Als solcher kannte ich sämtliche wichtigen Gerätevergleiche und alle technischen Details meiner Lieblingsprodukte. Und ich war ein sendungsbewusster Klugscheißer, der dem Kunden die eigene Sichtweise „drüberstülpen" wollte. Darunter musste so mancher leiden.

So wollte etwa ein Familienvater in mittleren Jahren für sein neu eingerichtetes Wohnzimmer eine Stereoanlage. Für das Budget, das er dafür ausgeben wollte, habe ich ihm die aus meiner Sicht ideale Kombination zusammengestellt. Ich wählte Lautsprecherboxen im handlichen Kühlschrankformat, die sein komplettes Wohnzimmerdesign verunstaltet hätten, anstatt zu berücksichtigen, dass für seine Wohn- und Hörgewohnheiten kleinere Lautsprecher besser wären. Letztlich wollte ich meinen Kunden zum „wahren" Hi-Fi-Freak (zu meiner Religion also) bekehren und habe versucht, ihm die für ihn hässlichen, großen, schwarzen Kisten einzureden.

Zum Abschluss dieses Kapitels

Mittlerweile können Sie die drei Fragen vom Beginn dieses Kapitels leicht beantworten. Die Lösung der drei Problemstellungen bereitet Ihnen spätestens jetzt keine Schwierigkeiten mehr. Sie können die Antworten verschiedener Leser auf unserer Homepage (**www.vbc.biz**) nachlesen und selbst Ihre Meinung dazu kundtun.

3 Der Preiskampf

Sieger und Besiegte oder Gewinner und Gewinner?

Können Sie diese drei Fragen beantworten?

1. Muss ich mit dem Preis nachziehen, wenn mein Hauptkonkurrent mich unterbietet?

2. Wenn mein Preis objektiv höher ist, habe ich da überhaupt noch eine Chance?

3. Macht es überhaupt Sinn, bei einem knallharten Preispoker auf die emotionale Ebene zu achten?

Können Sie die drei Probleme lösen?

1. Sie sind Anbieter von Krankenhausbetten und haben aus irgendeinem Grund verschlafen, dass in einer größeren Klinik umgebaut wurde und eine erhebliche Anzahl an Betten neu angeschafft wird. Sie erfahren davon erst kurz vor Abgabeschluss. Sie besorgen sich die Ausschreibungsunterlagen und stellen Folgendes fest: Die Anforderungen sind komplett auf die Produkte Ihres Hauptkonkurrenten maßgeschneidert.
Wie gehen Sie vor?

2. Sie sind Generalimporteur von Produkten für die Unterhaltungselektronik. Sie haben u. a. die Exklusivvertretung eines namhaften Markenartikelanbieters. Als Chef kümmern Sie sich selbst um Key-Account-Kunden und sitzen daher beim Einkaufschef einer großen Elektroeinzelhandelskette. Sie sind bei diesem Kunden noch nicht vertreten und kämpfen um eine Listung (Aufnahme ins Produktsortiment). Der Einkäufer will von Ihnen eine Tiefstpreisgarantie. Das heißt, wenn er mit einem vorher mit Ihnen vereinbarten Kalkulationsaufschlag Ihre Produkte anbietet und irgendein Mitbewerber die Produkte günstiger bewirbt, müssen Sie den Verlust kompensieren.
Wie gehen Sie damit um?

3. Sie sind Anbieter von Verkaufstrainings. Ihr potentieller Kunde möchte seine Außendienstmitarbeiterinnen und -mitarbeiter bei Ihnen trainieren lassen. Der Kunde verlangt eine Erfolgsgarantie. Das heißt, ein vorher mit Ihnen vereinbarter Umsatzzuwachs soll durch die Trainings erreicht werden. Wenn dieser Zuwachs nicht erreicht wird, will er Ihnen Teile Ihres Honorars abziehen. Was schlagen Sie vor?

Mörderischer Preisdruck

Wenn Sie sich heute mit Unternehmern unterhalten, werden Sie feststellen, dass in fast allen Branchen von einem „harten Preiskampf", ja sogar von einem „mörderischen Preisdruck" gesprochen wird. Woher kommt das? Dafür gibt es drei Ursachen:

Das Gesetz des Marktes

Aus der Volkswirtschafts- und Betriebswirtschaftslehre wissen wir, dass der Preis unter anderem ein Spielball zwischen Angebot und Nachfrage ist. Ist die Nachfrage größer als das Angebot, so steigt der Preis (zum Beispiel seltene Antiquitäten, Hotelzimmer in der Urlaubshochsaison, Flugtickets für Destinationen, die nur von einer Airline bedient werden etc.). Wenn so eine Situation (Nachfrage übersteigt Angebot) über längere Zeit in einem bestimmten Markt vorherrscht, spricht man bezeichnenderweise von einem „Verkäufermarkt". Dies wahrscheinlich deshalb, weil es in so einer Situation für die Verkäufer sehr leicht ist, ihre Geschäfte zu machen. Ich bin ja der Meinung, dass in so einer Situation überhaupt keine richtigen Verkäufer gebraucht werden. Aber dazu noch etwas später.

Übersteigt das Angebot jedoch die Nachfrage, dann sinken die Preise (zum Beispiel Hotelzimmer in der Nebensaison, Erdöl in Friedenszeiten und wenn alle Erdölkapazitäten ausgenutzt werden, landwirtschaftliche Grundnahrungsmittel nach Rekordernten etc.). Bezeichnenderweise spricht man hier bei längerem Anhalten von einem „Käufermarkt". Wahrscheinlich, weil es die Käufer leicht haben und aus verschiedenen Angeboten auswählen können. Meines Erachtens werden nur in solchen Situationen echte Verkäufer gebraucht.

Nun ist es ja so, dass wir in fast allen Branchen heutzutage auf ein Überangebot stoßen. Das heißt, es gibt, zumindest in der westlichen Welt, fast jederzeit und überall ausreichend Auswahl an Fernsehgeräten, Pkws, Kühlschränken, Lebensmitteln, Frisörgeschäften, Rechtsanwälten, Werbeagenturen, Reifenhändlern, Autovermietern, Musikern, Mineralwässern, Bekleidung etc. Der Ausweg besteht also hier nicht darin, zu warten, bis aufgrund des mörderischen Preisdrucks genügend Mitbewerber weggestorben sind. Erstens lassen sich manche beim Sterben ganz schön Zeit, und zweitens kann es ja sein, dass uns selbst beim Warten die Luft ausgeht.

Nein, die Lösung funktioniert nur über Diversifizierung und Spezialisierung.

Es gibt zwar genügend Armbanduhren, aber jedes Jahr eben nur eine bestimmte Anzahl von *Jaeger-LeCoultre Master Control 1000* (eine Schweizer Markenuhr), die für ca. 3000 Euro alle ihre Käufer finden, obwohl es genauere Uhren gibt. Im Prinzip kämen die meisten von uns ohne Armbanduhr aus, weil jeder ein Handy mit Datum und Uhrzeit herumschleppt. Es gibt zwar genügend Urlaubsreisen, aber es dürfen pro Tag nur 40 Personen auf dem *Milford Track* wandern. Das ist eine mehrtägige Wanderung auf der Südinsel Neuseelands. Diese 40 Plätze pro Tag sind über mehrere Monate im Vorhinein ausgebucht, obwohl man sich unterwegs von tausenden kleinen Sandmücken das Blut aussaugen lassen muss und es mehr als die Hälfte des Jahres dort regnet. Es gibt allein in Wien mehrere hundert asiatische Restaurants. Aber bei *Kim kocht* ist ohne mehrwöchige Vorreservierung nichts zu machen.

Natürlich werden jetzt einige einwenden, dass es sich hier um plakative Beispiele handelt. Das stimmt. Dennoch geht es mir darum, dass jeder in seinem Bereich ein attraktives Segment (Lücke) sucht und sich darauf spezialisiert. In gewisser Weise handelt es sich auch um eine Spezialisierung, wenn im Lebensmittelhandel jemand hergeht und sich auf namenlose Tiefstpreisprodukte mit einer gewissen Mindestqualität konzentriert. Die Logistikkosten werden durch ein beschränktes Sortiment heruntergefahren. Dadurch können *Aldi* und *Lidl* im großen Stil Kampfpreise anbieten. Die Zielgruppe sind preisbewusste Konsumenten, die mit einer (Mindest-)Qualität zufrieden sind. Bei dieser Spezialisierung geht es darum, eben genau das möglichst effizient und kostengünstig anzubieten.

Höhere Markttransparenz

Mit den neuen und schnellen Kommunikationsmethoden (Internet, E-Mail etc.) ist es heute auch ohne große und spezialisierte Einkaufsabteilung viel leichter möglich, Angebote und Preise zu vergleichen. Das wird noch durch eine massivere Standardisierung der Angebote verstärkt. Selbst der Privatkonsument, der sich zum Beispiel eine neue Digitalkamera kauft, wird immer öfter vor der Entscheidung im Internet einen Preisvergleich machen. Vor zehn Jahren hätte derselbe Konsument beim Kauf einer (damals noch analogen) Kamera sich wahrscheinlich in maximal ein bis zwei Fachgeschäften und in einem Großverbrauchermarkt umgesehen.

Auch hier besteht eine mögliche Lösung (Wie komme ich als Anbieter aus dem Preisdruck?) in Spezialisierung, um mein Angebot aus der Vergleichbarkeit herauszuhalten. Gleichzeitig kann ich heute auch als kleiner Anbieter, ja, selbst als

Ein-Mann-Unternehmen, die modernen Medien nutzen, um an neue Kundengruppen heranzukommen.

Das Jammern ist des Unternehmers Lust

Viele selbständige Unternehmer haben es sich einfach zur Gewohnheit gemacht, zu jammern. Wenn man sie fragt, wie es ihnen geht, erzählen sie einem, dass eben der Preiskampf mörderisch sei, die Konkurrenz hinterhältig und boshaft, die Mitarbeiter unzuverlässig und das Finanzamt ihnen noch den letzten Rest gebe. Dabei haben sie eine nette Villa, einen Zweitwohnsitz in einer wunderschönen Urlaubsgegend, fahren Autos mit mehr PS als sie es jemals brauchen und machen sich Sorgen um die Rendite ihrer Privatinvestments. Das ist natürlich etwas überspitzt und satirisch überzogen. Damit will ich sagen: Viele Menschen glauben, sie dürfen nicht erzählen, wie gut es ihnen geht, weil sie dann Neid und Missgunst bei anderen erwecken. Dazu kann ich nur einen meiner Leitsprüche anführen, den ich vor über 20 Jahren irgendwo aufgeschnappt habe:

> **„Das Mitleid seiner Mitmenschen bekommt man gratis, den Neid muss man sich hart erarbeiten!"**

Wer Wind sät, wird Sturm ernten

Im Geschäftsleben allgemein, im Marketing, in der Werbung und speziell im Verkauf, beobachte ich eine Renaissance von kriegerischen und martialischen Begriffen. Der Ausdruck „Verkaufsfront" ist zwar schon ziemlich alt, erlebt aber eine seltsame Wiedergeburt. Dann gibt es da noch die so genannten „Kampfpreise". Ein amerikanischer Kollege hat vor ein paar Jahren ein Buch über „Guerilla-Marketing" herausgebracht, und es gibt auch schon ein Buch über „Marketing-Warfare" (Marketing-Kriegsführung). Wer mit solcher Terminologie und solchem Gedankengut seine Geschäfte betreibt, darf sich nicht wundern, dass er bombardiert, bekämpft, überfallen und vernichtet wird. Das muss aber nicht so sein. Man kann den Preiskampf auch als Wettkampf im olympischen Sinne betrachten. Ein sportliches Kräftemessen um die Gunst des Kunden, bei dem nicht die Vernichtung des Mitbewerbs im Vordergrund steht, sondern die Erlangung der Kundengunst. Wir erinnern uns vielleicht noch an den schönen alten Hippie-Spruch:

„Stell dir vor, es ist Krieg und keiner geht hin."

Natürlich klingt das für viele von uns utopisch, weil wir uns in einem Segment befinden, in dem ständig gefeilscht und an der Preisschraube gedreht wird. Dennoch kann es sich auszahlen, einige Zeit und Mühe in folgende Überlegung zu investieren: „Wie kann ich mein Angebot so attraktiv, einzigartig, sexy, unverwechselbar, unwiderstehlich und unvermeidbar machen, dass mein Kunde nicht mehr am Preis rütteln kann/will. Nicht umsonst hat Jan Wage, einer der großen Verkaufstrainer Europas und einer meiner persönlichen Mentoren, einmal gesagt:

„Die beste Preisverhandlung ist die, die man nicht hat."

Es geht also nicht darum, im Preiskampf „zu siegen" und damit den Kunden zum „Verlierer" zu machen. Der Verlierer wird es irgendwann merken und sich rächen. Damit lassen sich keine langfristigen Geschäftsbeziehungen und keine gute geschäftliche Reputation aufbauen. Es geht also um eine so genannte Win-win-Situation, auch wenn es abgedroschen klingen mag.

Meine Freundin hat mich kürzlich gefragt: „Was ist denn eigentlich eine gute Preisverhandlung?"

Eine gute Preisverhandlung haben wir dann, wenn der Lieferant einen Preis (Geld) erzielt, der seine Kosten abdeckt und einen Gewinn ermöglicht, und der Kunde seinerseits einen Wert und Nutzen erhält, der in seiner persönlichen Werteskala mindestens so hoch (oder noch höher) rangiert wie der Geldbetrag, den er dafür bezahlt. Der Schlüssel liegt also nicht nur in der Höhe des Geldbetrages, sondern auch in der Wertvorstellung des Kunden. Dazu aber noch mehr auf den kommenden Seiten.

Wie viel Rabatt darf's denn sein?

Viele Menschen, darunter auch bekannte Wissenschaftler, gingen oder gehen davon aus, dass Kunden rational entscheiden und das Angebot mit dem objektiv besten Preis wählen. Wenn das wahr wäre, gäbe es höchstens fünf bis sieben optimale Automodelle. Einen Viersitzer, einen Kombi, einen Kleinbus, einen Sportwagen und einen Geländewagen. Jedes dieser Modelle wäre optimal ausgestattet und hätte den besten Preis. Da wir Menschen aber keine Excel-Sheets sind, sondern lebende Wesen aus Fleisch und Blut mit Emotionen, Gefühlen, Träumen, Sehnsüchten und Ängsten, ist es eben nicht so. Es gibt tausende unterschiedliche

Automodelle auf der Welt. Und alle werden verkauft! Manche davon besser als andere. Das ist der Punkt.

Menschen kaufen nicht Rabatte und Nachlässe, sondern Werte und Nutzen.

Obwohl viele Menschen so tun, als würden sie sich nur für Rabatte, Nachlässe und Zahlungskonditionen interessieren. Sie lügen. Nicht unbedingt bewusst, nicht unbedingt in böser Absicht, aber es stimmt ganz einfach nicht. Was wir Menschen unbedingt wollen, ist das Gefühl, „gut" gekauft zu haben, ein „gutes" Geschäft gemacht zu haben, einen „guten" Preis bekommen zu haben.

Es geht also um ein Gefühl – das Gefühl, etwas „gut" gemacht zu haben. Dieses Gefühl bekommen wir wiederum durch die „Anerkennung" von anderen: wenn andere anerkennen und uns das „Feedback" geben, dass wir etwas gut gemacht haben. In der Wertehierarchie von uns Menschen steht die positive Anerkennung durch andere ganz oben. Egal, aus welcher Kultur und sozialen Schicht wir auch stammen mögen.

Ein Beispiel: Vor einiger Zeit habe ich überlegt, ein neues Auto zu kaufen. Ich brauchte einerseits einen Kombi, weil ich für die Verkaufstrainings immer relativ viel Equipment transportieren muss. Die Motorisierung sollte ausreichend sein, damit ich bei Bedarf das eine oder andere Hindernis überholen kann, ohne dabei mein Leben zu riskieren. Gleichzeitig aber sollte es sich um einen günstigen Dieselmotor handeln, weil ich im Grunde meiner Seele noch immer ein sparsamer Alemanne bin. Als Komfort wollte ich mir eine Automatik und eine Klimaanlage gönnen. Eine von mehreren Optionen war ein *VW-Golf*-Kombi. Also ging ich zu einem mir unbekannten *VW*-Händler. Dort traf ich einen sympathischen, proaktiven Verkäufer, der auffallend (weil leider noch immer sehr selten) viele Fragen stellte. Nachdem wir uns auf einen *Golf Variant TDI* geeinigt hatten, fragte ich nach dem Preis. Der Verkäufer antwortete: „Sofort" und tippte ein paar Daten in seinen Laptop.

Aus dem Drucker neben seinem Schreibtisch kam ein fertiges Angebot mit meinem Namen und den Fahrzeugdaten. Rechts unten fand ich nach dem Gesamtpreis eine Spalte „Rabatt". Dort stand 8 Prozent und zu guter Letzt der rabattierte Endpreis. Ich dachte mir: „Wenn das so leicht geht (nämlich 8 Prozent ohne zu handeln), dann muss mindestens das doppelte drinnen sein." Das heißt, ich hätte ein schlechtes Gefühl gehabt, wenn ich für diesen Preis eingekauft hätte.

Es ging mir also in erster Linie nicht um den Preis, den ich endgültig zahlen werde, sondern um das Gefühl, ein „guter" Preisverhandler zu sein.

Ein weiteres Beispiel: Vor Jahren bewarb ich mich für eine sehr attraktive Position. Die kompletten Verhandlungen zogen sich fast ein ganzes Jahr hin. Als kleine Prämie hatte ich mir selbst, falls ich dieses Ziel erreichen würde, eine schöne neue Füllfeder versprochen. Mit dieser neuen Füllfeder wollte ich den Dienstvertrag unterschreiben. Glücklicherweise bekam ich die Stelle, und ich ging in der Wiener Innenstadt in ein edles Schreibwarengeschäft. Ich wusste ziemlich genau, welche Füllfeder ich haben wollte. Ich hatte sie nämlich schon Monate davor immer wieder im Schaufenster betrachtet.

Ich ließ mir das Objekt meiner Begierde zeigen und fragte die Verkäuferin, ob es einen Nachlass oder Skonto gibt, wenn ich bar bezahle. Die Verkäuferin gab mir zwar keinen Nachlass. Sie hat mir das jedoch plausibel erklärt und mir die Möglichkeit gegeben, mein Gesicht zu wahren, indem Sie mir noch zwei Extrapackungen Tintenpatronen in verschieden Farben draufgegeben hat. Diese Draufgabe war zwar nicht einmal 0,2 Prozent des Kaufpreises der Füllfeder wert. Dennoch habe ich mich als Kunde ernst genommen „gefühlt". Es ist der Verkäuferin also gelungen mir (ihrem Kunden) das Gefühl zu geben, ein guter Einkäufer zu sein.

Und noch ein Beispiel: Im zweiten Kapitel habe ich bereits erwähnt, dass ich mit zarten fünfzehn das Glück hatte, bei einem großen Meister in die Lehre zu gehen. Sein Name war Otto Wober. Er war mein Lehrmeister und auch mein erster Mentor. Er mochte damals so um die Mitte fünfzig gewesen sein. Für mich als Teenager jedenfalls „steinalt". Otto Wober war eine dieser Nachkriegs-Pionierpersönlichkeiten, die das Wirtschaftswunder ohne Anfangskapital aber mit Ideenreichtum, Risikobereitschaft, Witz und Fleiß mitgestaltet haben. Als ich Ende der 1970er Jahre bei ihm die Lehre begann, war er bereits der größte Elektroeinzelhändler im Bundesland Vorarlberg (wo ich aufgewachsen bin). Er hatte nach dem Krieg ohne Geschäftslokal mit einem gebrauchten Kleinbus begonnen, mit dem er Radios und Fernsehapparate von Tür zu Tür verkaufte.

Otto Wober war für mich damals ein schrulliger Typ mit folgenden Macken: Er war mit allen per du. Egal, ob er die Leute kannte oder nicht, er duzte jeden und plauderte mit den Leuten über alles Mögliche – außer über Elektrogeräte. So hat er sich mit den Jahren einen riesigen Bekanntenkreis – der oft auch Kundenkreis war – geschaffen. Die aus meiner Sicht zweite Macke war seine Vorliebe für Gartenarbeit. Daher erschien er mehr als einmal zu Verkaufsgesprächen mit schmutzigen Gummistiefeln und verschwitztem Unterhemd. Das gab den Kunden wahrscheinlich das Gefühl von Bodenständigkeit und Handschlagqualität („einer wie du und ich"). Seine dritte Macke bestand aus Hektik, Chaos und schlechter Organisation. Ohne seine Frau Emma, die (das passende Gegenteil) akribisch und mit Argusaugen auf die Buchhaltung und die Organisationsabläufe achtete, wäre er wahrscheinlich nicht so weit gekommen.

Sein besonderes Talent lag aus meiner heutigen Sicht eben genau darin, seinen Kunden das Gefühl zu geben, ein gutes Geschäft gemacht zu haben. Die Preisverhandlungen bei Otto Wober waren eine regelrechte Inszenierung, bei der er Regisseur, Dramaturg und Hauptdarsteller war. Ich hatte als Lehrling eine genau definierte Rolle in diesem Stück. Mir hat das Theaterspiel mit ihm Spaß gemacht – und nicht zuletzt deshalb war ich wahrscheinlich einer seiner Lieblinge.

Wie sah so eine inszenierte Preisverhandlung à la Otto Wober aus?

Dazu muss man noch zwei Dinge wissen. Erstens kosteten Fernseher damals umgerechnet noch 1500 bis 3000 Euro, und zweitens hatte Otto Wober die Preise so kalkuliert, dass jeder, der danach fragte, 10 Prozent Rabatt bekam. Diese 10 Prozent wurden aber nicht einfach so gewährt (siehe das *VW-Golf*-Beispiel), sondern sie waren Mittelpunkt der Inszenierung, die in etwa wie folgt ablief: Ein junges Ehepaar kommt in das Geschäft und zeigt Interesse für einen Fernseher. Ich, der Lehrling im weißen Arbeitsmäntelchen, mache die Bedarfserhebung und führe verschiedene Modelle vor. Das junge Ehepaar zeigt Interesse für ein gewisses Gerät zum Preis von 1790 Euro. Sie wollen aber, so sagen sie, noch mit dem Chef (Otto Wober) sprechen. Sie kennen nämlich jemand, der ihn kennt (Otto ist ja mit allen per du) und bekommen – Stimme etwas gesenkt, hinter vorgehaltener Hand – Prozente.

Ich weiß zwar, dass sie 10 Prozent bekommen wie alle anderen, würde aber die Inszenierung versauen, wenn ich das einfach so sage. Daher mein Text: „Uh, so was darf bei uns nur der Chef entscheiden, aber ich werde ihn gerne anrufen." Gesagt, getan. Otto Wober kommt (sagen wir aus dem Garten mit schmutzigen Gummistiefeln und arg gebrauchtem Unterhemd), begrüßt das junge Ehepaar überschwänglich und auf das Freundlichste, duzt sie herzlich, plaudert mit ihnen über Hinz und Kunz. Wobei Kunz der ist, der sie empfohlen hat. Dann lässt er sich von mir berichten, wofür sich das junge Paar interessiert, nickt dabei wohlwollend und leicht nachdenklich. Dann stellt er sich zwischen die beiden und legt etwas theatralisch je einen Arm um die Schultern des jungen Paares, sodass er mit den Kunden gemeinsam eine Linie bildend mir genau gegenübersteht.

Ich weiß genau, was jetzt kommt und darf dabei nicht lachen, obwohl ich es zum Schreien komisch finde. Otto hebt den Kopf etwas, schließt die Augen für einen kurzen Moment, als müsste er sich voll auf eine schwierige und gefährliche Aufgabe konzentrieren, und sagt: „Heinz, Heinz, sag jetzt nichts und schimpfe nicht mit mir, aber diese Leute bekommen den Fernseher von mir zum Einkaufspreis."

Der Einkaufspreis bedeutete natürlich, dass die Kunden die 10 Prozent bekommen wie jeder andere. Aber darum ging es nicht. Es ging darum, wie man aus einem jungen Ehepaar Stammkunden fürs Leben macht.

Mein Text ist jetzt: „Bitte, Herr Wober, bitte, tun sie das nicht. Sie wissen genau, dass unser Buchhalter gesagt hat, er kündigt, wenn wir das noch einmal machen, und Ihre Frau macht sicher ein Riesenspektakel." Jetzt legt Otto noch eine Schaufel nach, er hebt die Stimme, sodass er fast schreit: „Das ist mir scheißegal! Die Frau wird sich schon wieder beruhigen und um das Geld für unseren Buchhalter bekommen wir locker einen neuen. Aber – das musst du noch lernen, Heinz – diese Leute kommen wieder, denn die brauchen sicher noch andere Sachen von uns."

Das saß. Die jungen Eheleute grinsten bis über beide Ohren, ich machte eine resignierende Geste und begann den Auftrag zu schreiben. Jetzt meinte die Kundin, dass sie ja ohnehin noch eine Waschmaschine bräuchten und ob Otto ihr nicht eine empfehlen könne.

Ich weiß, diese Geschichte klingt haarsträubend, aber es hat sich so zugetragen. Diese Inszenierung war ein Dauerbrenner, die wir in dieser oder ähnlicher Form relativ oft zum Besten gaben. Erst später begriff ich das Wesentliche: Es ging nicht darum, die Leute zu „betrügen" und ihnen vorzumachen, dies wäre der Einkaufspreis. Die meisten wussten ohnehin, dass minus 10 Prozent nicht der Einkaufspreis sein kann. Nein, es ging viel mehr darum, wie es Otto schaffte, den Leuten das Gefühl zu geben, nur für sie da zu sein und für sie ein ganz spezielles Angebot zu machen.

Im modernen Geschäftsleben sieht das dann oft anders aus. Zum Beispiel sagt der Verkäufer zu seinem Kunden im Rahmen der Preisverhandlung Folgendes:

„Von Kollegen habe ich schon gehört, was Sie für ein harter Preisverhandler sind."

Das gibt dem Kunden schon einmal ein gutes Gefühl (nämlich ein guter Preisverhandler zu sein). Der Verkäufer kann jetzt noch – je nachdem – eine Schaufel nachlegen und in etwa Folgendes sagen:

„Ich habe auch gehört, dass Sie zwar ein harter Verhandler, aber gleichzeitig ein fairer Geschäftspartner mit Handschlagqualität sind."

Das erinnert den Kunden an eine „Partnerschaft", bei der sich beide an bestimmte Spielregeln halten.

Diese Methoden funktionieren natürlich nur bei passendem Angebot, welches das Problem des Kunden löst. Wie im zweiten Kapitel kurz angedeutet, beschäftigen wir uns in diesem Buch fast ausschließlich mit dem Thema der Preisverhandlung. Gleichzeitig erinnern wir uns, dass im Verkaufsgespräch noch einiges davor passiert sein muss. Das heißt, nur wenn ich mich als professioneller Verkäufer mit meinen Produkten gut auskenne, mich mit dem Kunden ausgiebig beschäftigt und herausgefunden habe, was dieser braucht, und das auch in mein Angebot gepackt habe – nur dann macht es Sinn und ist auch ethisch vertretbar, solche Methoden anzuwenden.

Natürlich funktionieren gute und professionelle Verkaufsmethoden (leider) auch in den Fällen, wo schwarze Schafe (Verkäufer, die nicht den Nutzen des Kunden im Sinn haben) irgendwelchen wertlosen Schund zu überteuerten Preisen an den Mann bringen. Ein Trost für seriöse Verkäufer ist, dass diese schwarzen Schafe sich selbst den Ast absägen, auf dem sie sitzen, denn nach einigen Jahren hat sich ihre schlechte Reputation weit genug herumgesprochen.

Wenn schon kämpfen, dann asiatisch

Zum Eingang dieses Kapitels habe ich davon gesprochen, das Kriegerische in unseren Verhandlungen wegzulassen und den Preiskampf im sportlichen, olympischen Sinne als fairen Wettkampf zu betrachten. Nun gibt es aber zugegebenermaßen Kunden, bei denen hat sich das „gegeneinander Kämpfen" bereits tief eingeprägt. Das sind diejenigen Kunden, die erst dann das Gefühl haben, ein gutes Geschäft zu machen, wenn der Verkäufer „besiegt" ist. Ich gehe in letzter Zeit mehr und mehr dazu über, solche Kunden nicht mehr zu beliefern. Und lebe ohne diese sehr gut und mit weniger Sorgen. Aber nicht jeder kann sich diesen Luxus leisten. Wenn also ein Kunde unbedingt mit Ihnen „in den Ring" steigen will, weil er das so gelernt hat (von seinem Vorgänger übernommen hat; nur so das Gefühl hat, ein guter Kunde oder Einkäufer oder Unternehmer zu sein etc.), dann machen sie es so, wie in manchen asiatischen Kampfsportarten.

Im Aikido und Jiu-Jitsu (und wahrscheinlich noch in anderen) wird die Angriffsenergie des Gegners weder abgebremst noch wird dagegengehalten. Vielmehr wird der Schwung des Angreifers gegen ihn selbst verwendet. Das ist viel eleganter, ressourcenschonender und beinhaltet weniger „Verletzungsrisiko" für den Verkäufer.

Wie sieht so ein Aikido-Griff im verkäuferischen Preisverhandlungsalltag aus?

Dazu ein Beispiel:

Kunde: „Sie liegen ja mit ihrem Preis weit über dem Vorstellbaren." (Angriff)

Verkäufer konventionell: „Nein, Herr Kunde, ganz im Gegenteil. Seien Sie versichert, dass es sich hier um hart kalkulierte Preise handelt." (Gegenwehr)

Verkäufer Aikido: „Ich verstehe, der Preis liegt noch über Ihren Vorstellungen. Worauf in diesem Paket wären Sie denn bereit zu verzichten, damit wir etwas vom Preis abziehen können?"

Das ist so eine kleine Rolle, bei der die Angriffsenergie wieder zurückgespielt wird. Der Kunde kommt jetzt in Zugzwang und muss sich deklarieren. Im Idealfall hat der Kunde tatsächlich einen Punkt im Angebot gefunden, den er nicht unbedingt benötigt. Wenn der Verkäufer diesen sinnvollerweise auch herausnehmen kann, haben wir schon eine Lösung.

Natürlich geht das nicht immer so einfach. Sehr oft wird der Kunde jetzt sagen:

Kunde: „Weglassen kann man da nichts mehr. Sie müssen nur ganz einfach mit dem Preis runter, Sie sind noch zu teuer."

Für diese Situation habe ich sechs verschiedene Möglichkeiten für sie vorbereitet, auf die ich im Kapitel 11 „… zu teuer" näher eingehe.

Zum Abschluss dieses Kapitels

Mittlerweile können Sie die drei Fragen vom Beginn dieses Kapitels leicht beantworten. Die Lösung der drei Problemstellungen bereitet Ihnen spätestens jetzt keine Schwierigkeiten mehr. Sie können die Antworten verschiedener Leser auf unserer Homepage (**www.vbc.biz**) nachlesen und selbst Ihre Meinung dazu kundtun.

4 Ohne Fleiß kein Preis

Alles im Leben hat (s)einen Preis

Können Sie diese drei Fragen beantworten?

1. Soll man sich nach einem verlorenen Preisgespräch noch lange damit herumquälen oder die Sache am besten schnell vergessen, damit man sich wieder neuen Aufgaben motiviert widmen kann?

2. Viel Arbeit macht langfristig krank. Oder etwa nicht?

3. Entweder beruflich erfolgreich oder privates Glück – beides geht heutzutage leider nicht?

Können Sie die drei Probleme lösen?

1. Franz Lustig ist seit knapp einem Jahr Außendienstverkäufer in einem Stoffgroßhandelsbetrieb. Zu seinen Kunden zählen Bekleidungshersteller und Wiederverkäufer. Er kennt sich bei seinen Produkten schon sehr gut aus, und aufgrund seines Fleißes und seiner guten Umgangsformen hat er sich gut eingearbeitet und ist bei den Kunden großteils sehr beliebt. Auch die Umsatzentwicklung in seinem Gebiet entspricht den Erwartungen. Von Anfang an hat er bei schwierigen Preisverhandlungen immer seinen Chef mitgenommen. Er darf ja selbst ohnehin nicht über größere Nachlässe entscheiden, und sein Chef macht das recht gut. Was würden Sie an der Stelle des Chefs nun tun?

2. Eines Ihrer Kinder, die zwölfjährige Tochter, bekommt monatlich 50 Euro Taschengeld von Ihnen. Dafür muss sie sich selber Süßigkeiten kaufen, Snacks in der Schule, Kino- und *McDonald's*-Besuche und sonstige Extraausgaben bestreiten. Nun erzählt sie Ihnen, dass sie das ganze Geld bereits nach einer Woche für ihre Handywertkarte gebraucht hat und möchte ein kurzfristiges Darlehen oder eine kurzfristige Taschengeldaufstockung bis zum Monatsende, damit sie sich noch ihre Pausensnacks in der Schule leisten kann. Wie gehen Sie vor?

3. Ihr Cousin, 22 Jahre alt, gelernter Großhandelskaufmann, schüttet Ihnen sein Herz aus. Er erzählt, dass er seine Arbeit zwar gerne macht, aber von seinem Unternehmen dazu angehalten wird, bis zu 20 Überstunden im Monat ohne Bezahlung zu machen. Er bittet Sie um einen Rat. Was schlagen Sie vor?

Was heißt „leicht gemacht"?

Im Buchtitel steht „Preisverhandlungen leicht gemacht". Damit keine Missverständnisse aufkommen. Eine gute, professionelle Preisverhandlung ist Arbeit – mitunter harte Arbeit, die auch für die Besten nicht „leicht" im Sinne von „kinderleicht" (kann doch jeder) wird. Vielmehr geht es im Verkauf und in allen anderen anspruchsvollen Berufen, die einen Menschen ein Leben lang begeistern können, darum, den Weg zur Virtuosität zu gehen. Bei einem sehr guten Konzertpianisten sieht es für den Laien auch so aus, als würden die Finger in Windeseile wie von selbst (kinderleicht) über die Tasten fliegen. Wir alle aber ahnen oder wissen, was wirklich dahintersteckt: viele Jahre harter Arbeit, ständiges Üben, ständiges Einstudieren neuer Stücke. Und irgendwann kann der Pianist dann tatsächlich mit professioneller Leichtigkeit, geradezu spielerisch, seine Arbeit machen. Ja, Sie haben richtig gelesen. Ich spreche hier von harter Arbeit. Mehr noch, ich breche eine Lanze für harte Arbeit als Lebenselixier und Freudenquell.

Manche werden sagen: Jetzt hat der Feldmann völlig den Verstand verloren! Keineswegs – Arbeit kann eine der tollsten und glücksbringendsten Erfahrungen im Lebens sein. Ja, ich gehe so weit zu behaupten, dass viel Arbeit nicht krank macht, sondern nur müde. Achtung: Dabei meine ich nicht viel Arbeit unter ständigem Termindruck, verbunden mit dem Gefühl, es „eh nicht recht machen zu können". In so einem Fall, wenn so genannte „Distressfaktoren" (negative Stressfaktoren) vorliegen, dann macht Arbeit krank und somit mittelfristig auch unglücklich. Nein, wenn ich davon spreche, dass viel Arbeit nicht krank macht, sondern müde, dann meine ich eben nur viel Arbeit. Ohne Stressfaktoren.

Jeder von uns hat schon einmal in seinem Leben eine Phase erlebt, in der sie oder er sehr viel (vielleicht sogar bis tief in die Nacht hinein) an etwas gearbeitet hat. Vielleicht ein spannendes Projekt im Beruf, die Neueröffnung eines Geschäftes, der Ausbau des eigenen Hauses, die Renovierung eines alten Bootes etc.). Und Sie haben dabei erlebt, wie Sie nach getaner Arbeit völlig erschöpft ins Bett fielen und glücklich eingeschlafen sind. Davon ist die Rede. Damit Arbeit aber als glücksbringend empfunden werden kann, müssen zwei Grundvoraussetzungen stimmen:

a) Sie mögen Ihre Arbeit

Nachdem wir als erwachsene Menschen einen Großteil unserer wachen Zeit in unserem Beruf verbringen, ist es absolut abzulehnen, unklug und selbstzerstörerisch, einem Beruf nachzugehen, den man nicht mag. Wir Menschen sind von Natur aus nicht zum ausschließlichen Müßiggang geeignet. Im Gegenteil. Wenn wir längere Zeit dem Nichtstun frönen, bekommen wir schlechte Stimmung, die sich mit zunehmender Intensität bis zu handfesten Depressionen steigern kann. Dasselbe gilt natürlich auch für den Fall, dass wir eine ungeliebte Arbeit machen (müssen?!).

Betrachten wir andererseits einmal, wie viele Millionen von Arbeitsstunden sozusagen „gratis" von der Bevölkerung eines entwickelten Erste-Welt-Landes in ihre Hobbys investiert werden. Da werden Modelle gebaut; Bilder gemalt; ganze Häuser, Autos, Motorräder und Traktoren etc. renoviert; Zelte gebaut, stundenlange „Vereinsmeetings" abgehalten etc. etc. Die wenigsten beklagen sich darüber. Warum? - weil sie es „gerne" tun.

Ich gehöre zu den Glücklichen und betrachte mich absolut als privilegiert, weil ich eine Arbeit mache, die ich gerne tue. Darüber hinaus habe ich mittlerweile ein Stadium erreicht, in dem ich mir einen Großteil meiner Arbeit sogar selbst aussuchen kann.

Was aber tun, wenn ich in einem ungeliebten Job festgefahren bin? Es gibt immer zwei Hebel: entweder den Job ändern oder die eigene Einstellung ändern. Das klingt dramatisch, ist es auch. Aber jedes Leben hat dramatische Phasen und möglicherweise haben wir nur ein Leben. Es geht also darum, zuerst herauszufinden, was man gerne tut/gut kann (das geht meistens Hand in Hand) und wo die eigenen Talente liegen. Dazu gibt es übrigens eine gute Übung der Trainerkollegin Vera F. Birkenbihl in ihrem Buch „115 Ideen für ein besseres Leben" (siehe Literaturliste auf Seite 205) nachzulesen.

Die eigene Einstellung

Ein weiterer Hebel ist die eigene Einstellung (zum bislang vielleicht ungeliebten Beruf). Die Schlüsselfrage lautet:

Wie kann ich meine Einstellung so ändern, dass mir meine jetzige Arbeit gefällt?

Das klingt für manche absurd, aber es funktioniert. Erinnern wir uns an eine der Schlüsselszenen aus dem Jugendbuchklassiker „Tom Sawyer" von Mark Twain: Darin gibt es eine Szene, in der Huckleberry Finn zur Strafe einen Holzzaun streichen muss. Obendrein an einem wunderschönen Sommertag, an dem alle seine Freunde „frei" haben. Huck (sein Spitzname) mag die Arbeit nicht. Seine Freunde finden das ebenfalls. Huck denkt sich jedoch eine List aus und tut, als ob er das Streichen des Zaunes toll finden würde. Er pfeift, grinst, gibt sich gut gelaunt und erzählt seinen Kumpels, wie viel Spaß das Streichen macht (Umdeutung der ungeliebten Arbeit in etwas Erstrebenswertes wie Hobby, Spiel oder Abenteuer). Nicht nur, dass seine Kollegen ihn fast beknien, dass sie auch ein bisschen streichen dürfen, er nimmt ihnen sogar Geld dafür ab!

Die Sache ist nicht die, dass Huck seine Kollegen über den Tisch gezogen hat. Nein, die Jungs empfinden wirklich „Spaß" und „Freude" an dieser Tätigkeit. Weil sie ihre eigene Einstellung dazu geändert haben!

Einstellung oder Job ändern

Es geht also im beruflichen Leben darum, seine Arbeit zu mögen. Wenn man in einem ungeliebten Job festsitzt, hat man zwei Möglichkeiten: Einstellung oder Job ändern. Wenn Ersteres unmöglich erscheint, bleibt nur mehr Letzteres (Job ändern) übrig. Da kommen dann viele Einwände wie zum Beispiel: „Ich habe mir meine jetzige Position mühevoll erarbeitet." „Die Raten für mein Haus und die monatlichen Lebenskosten für die Familie und die Kinder erlauben gar nicht, dass ich mir etwas anderes suche, bei dem ich eventuell weniger verdienen würde." Hiermit wären wir wieder beim Untertitel dieses Kapitels: „Alles im Leben hat seinen Preis". Dazu noch etwas mehr gegen Ende dieses Kapitels.

Nachdem ich mich, wie gesagt, zu den Auserwählten zähle, die ihre Arbeit gerne tun, nehme ich Teile davon auch auf Reisen mit. So kann es zum Beispiel vorkommen, dass ich im November, wenn bei uns das Wetter trist, feucht und kühl ist, für ein bis zwei Wochen in einem Hotel am Meer bin. In einer Gegend, wo es schön warm ist und die Sonne scheint. Dabei kann der Tagesablauf so aussehen, dass ich im Morgengrauen vor dem Frühstücken laufen gehe, mir nach dem Frühstücken auf der Terrasse ein schattiges Plätzchen mit Steckdose suche und den Vormittag lang mit dem Laptop arbeite. Nach einem leichten Mittagessen lege ich mich ein bisschen ans Meer an die Sonne, gehe ein paar Züge schwimmen und mache ein Nickerchen. Je nach Lust und Laune arbeite ich dann am Nachmittag auch noch ein bis zwei Stunden oder mache andere Erholungsbeschäftigungen.

Oft passiert am Vormittag zum Beispiel Folgendes: Andere Urlauber kommen zu mir und interessieren sich dafür, was ich hier mache. Sie zeigen großes Mitleid, weil ich „Ärmster" auch noch im Urlaub arbeiten muss und sind ganz perplex, wenn ich ihnen erzähle, dass ich nicht arm, sondern privilegiert bin, weil ich das gerne tue. Die Armen sind vielleicht sie selbst, weil sie sich zwanghaft irgendeine Beschäftigung suchen müssen, bis es endlich Mittagessen gibt. Manche sitzen ihre Zeit ab wie die Insassen eines Sanatoriums, deren einziges Highlight die Unterbrechung der Eintönigkeit durch Mahlzeiten ist. Was die armen Tröpfe nicht wissen, ist, dass ich mir im Jahr acht bis zehn Wochen Urlaub/Reisen gönne. Bei manchen Reisen habe ich auch überhaupt keine Arbeit mit.

Schauen wir uns jetzt noch an, welche zweite Grundvoraussetzung gegeben sein muss, damit Arbeit Spaß macht und Glück bringt (zusätzlich zum „Arbeit mögen"):

b) Ausgewogenheit und Balance mit den anderen Lebensbereichen

Zählen wir die Interessensbereiche eines erwachsenen Lebens auf, so können wir meist vier Kategorien unterscheiden:

1. Liebe und Partnerschaft
2. Familie und Kinder
3. Freundschaften und Hobbys
4. Arbeit

Idealerweise sind im subjektiven Erleben diese vier Bereiche einigermaßen ausgewogen. Das heißt, wir empfinden das Erleben in diesen Bereichen als einigermaßen gleichberechtigt. So kann man das betrachten, wie ein vierblättriges Kleeblatt, das bekanntlich für Glück steht. Wenn nun eines dieser Blätter völlig überdimensioniert ist und die anderen verkümmert sind, so wird es sich langfristig nicht um ein glückliches Leben handeln.

Das heißt, jemand der sich nur um seine Liebe kümmert und für nichts anderes (Freunde, Hobbys oder Arbeit) mehr Ohren hat, wird auf Dauer unglücklich werden. Jemand, der nur für seine Kinder lebt und nichts anderes im Leben mehr einen Sinn hat, wird in eine massive Krise stürzen, wenn die Kleinen flügge sind und das Nest verlassen. Jemand, der sich nur um seine Hobbys kümmert und für nichts anderes mehr Zeit und Kopf hat, läuft ebenso Gefahr, zu scheitern. Und letztlich wird jemand, der nur noch für seine Arbeit da ist, ein so genannter „Workaholic“, vielleicht viel Geld machen, aber dennoch langfristig unglücklich sein.

Es geht also um eine Balance zwischen diesen Bereichen. Das ist natürlich leichter gesagt als getan und bedingt eine Abstimmung mit den Menschen, die zu diesen verschiedenen Bereichen gehören: Lebenspartner, Freunde, Freundinnen, Familie, Arbeitskollegen und -kolleginnen. Ein gutes Zeitmanagement spielt eine große Rolle dabei. Zuvor aber müssen wir selbst die Wichtigkeiten in unserem Leben definieren, sodass wir eine grundlegende Balance zwischen den einzelnen Lebensbereichen finden und halten können. Das ist keine Sache, die einmal getan und dann für den Rest des Lebens erledigt ist. Wir müssen vielmehr immer wieder und täglich daran arbeiten. Ein Seiltänzer kann auch nicht einfach seine Balancestange „optimal“ einstellen, fixieren und dann über das Seil gehen. Nein, er muss vielmehr nach jedem Schritt mit kleinen Bewegungen die Balance neu erreichen. So ist es auch in der Balance unserer Lebensbereiche.

George Leonard hat in seinem Buch mit dem Titel: „Der längere Atem“ (siehe Literaturliste auf Seite 205) wunderbar den Weg zur Meisterschaft beschrieben. Darin zeigt der Philosoph, Aikido-Meister und Management-Trainer, wie man Meisterschaft nicht nur in einer einzigen Disziplin, sondern im ganzen Leben erlangt. Die fünf Prinzipien des Erfolgs beruhen auf den zeitlosen Einsichten der weisen Meister des Ostens und den Erfahrungen und Methoden moderner Erfolgsmenschen.

Glück als Überwindungsprämie

Von der Werbung und von den Medien wird uns vorgegaukelt, wir könnten Glück kaufen und wir sollten es idealerweise mit Kredit finanzieren, damit wir es sofort haben. Dass das nicht funktioniert wird jeden Tag tausendfach bewiesen. Reinhard K. Sprenger (ein Trainerkollege und bekannter Motivationsspezialist) meinte in einer Radiosendung dazu:

> **„Viele Leute kaufen Dinge, die sie nicht brauchen, mit Geld, das sie nicht haben, um Leuten zu imponieren, die sie nicht mögen.“**

Alle Menschen streben nach Glück. In der Wissenschaft gibt es seit einigen Jahren als eigenen Zweig die „Glücksforschung“. Und in der amerikanischen Verfassung ist das Recht eines jeden Einzelnen auf der Suche nach seinem Glück (pursuit of happiness) festgeschrieben. Was ist nun dieses Glück? Und wie kann man es haben?

Dazu reicht der Umfang dieses Buches nicht aus und es ist auch nicht unser Hauptthema. Dennoch werden wir das Thema etwas streifen und es für unsere Zwecke (Erfolg im Verkauf und in der Preisverhandlung) verwenden. Ein Trainerkollege spricht von der persönlichen „Komfortzone", die wir Menschen verlassen müssen, um erstens etwas zu erreichen und zweitens Glück als Überwindungsprämie dafür zu bekommen. Mit der Komfortzone ist jener Bereich gemeint, in dem wir uns bereits sicher und „komfortabel" fühlen. Dabei kann es sich durchaus um eine mittelmäßig bezahlte, ungeliebte Tätigkeit handeln, die aber bekannt ist. Wir kennen und mögen die Arbeitskollegen und befürchten keine „bösen Überraschungen". Die Komfortzone kann auch die Stadt, das Viertel, das Land sein, in dem wir wohnen und uns auskennen und daher komfortabel fühlen. Oder um einen etwas zynischeren Kollegen zu zitieren: „Viele Menschen haben es sich in ihrem Elend komfortabel eingerichtet und wollen gar nicht, dass man sie herausholt."

Das klingt nur auf den ersten Blick übertrieben. Bei genauerer Überlegung wird jeder von uns sich an Situationen mit Menschen erinnern, die zu uns kommen und über ihre schlechten Lebensbedingungen klagen. Wenn wir ihnen dann Vorschläge machen, was sie tun können, um ihre Situation zu verändern, kommen sie immer mit neuen Ein- und Vorwänden daher. Wenn wir ihnen nun diese Einwände widerlegen, werden sie richtiggehend böse. Das sind Leute, die auf keinen Fall aus ihrer Komfortzone heraus wollen, sondern nur so tun als ob. In Wirklichkeit ist ihnen das „bekannte" Elend lieber als das „unbekannte" Andere, das sie lieber erst gar nicht in Angriff nehmen.

Das heißt, Glück fällt uns nicht zu wie ein Lottogewinn und wird wahrscheinlich auch nicht von irgendwelchen interstellaren Mächten zugeteilt. Aber wir können es uns erarbeiten. Jedes Mal, wenn wir aus unserer Komfortzone herausgehen, kann es passieren, dass wir scheitern! Die Angst vor diesem Scheitern ist es, die viele dazu bewegt, die Grenzen der Komfortzone zu meiden wie der Teufel das Weihwasser. Jedes Mal, wenn wir die Komfortzone verlassen, haben wir andererseits die Möglichkeit, etwas Neues zu lernen, zu erkennen, zu erfahren und zu erleben. Wenn uns das gelingt, haben wir uns „überwunden". Und für diese Überwindung gibt es eine Prämie namens Glück.

Als Jugendlicher habe ich meine Kollegen beneidet, die von ihren Eltern Geld, Führerschein, Auto, Wohnung etc. geschenkt bekommen haben. Damals schien es mir unfair, dass ich sogar von dem bisschen Lehrlingsentschädigung, das ich verdiente, zu Hause Kostgeld abgeben musste. Heute bin ich froh darüber. Nachdem mein Vater sich geweigert hat, mir Geld zu geben, habe ich während der Lehrzeit begonnen, in meiner Freizeit privat Autoradios einzubauen. Das war ein lukrativer Nebenerwerb, bei dem ich an ca. zwei Abenden in der Woche und am Samstagnachmittag ungefähr das Doppelte meiner Lehrlingsentschädigung dazuverdient habe. Mit dem Geld konnte ich mir den Führerschein leisten und mein erstes eigenes Auto kaufen – einen ungefähr zehn Jahre alten froschgrünen Fiat 126 (ein Raumsparwunder mit einem Zweizylinder-Boxermotor und heißen 27 PS). In vielen Arbeitsstunden habe ich den „uncoolen" grünen Lack abgeschliffen und das Auto eigenhändig weiß lackiert. Bei der ersten Ausfahrt fühlte ich mich phantastisch.

Wir alle haben in unserem Leben schon Situationen erlebt, bei denen wir uns auf unsicheres Terrain (außerhalb der Komfortzone) begeben haben. Die Erfolge (auch wenn sie noch so klein waren) haben uns ungemein beflügelt und waren glücksbringend. Genauso ist es mit der Arbeit und im Verkauf: Wenn wir uns aus der Komfortzone der bekannten Kunden herauswagen und neue, unbekannte Kunden kontaktieren, laufen wir Gefahr, zurückgewiesen zu werden. Wenn wir aber einen neuen Kunden finden, der dann auch bei uns kauft, ist das unheimlich beglückend.

Langfristig gesehen gibt es kein Gratisessen im Leben

Im Original lautet der Spruch: „There is no free meal ticket in the long run." Das heißt: Alles im Leben hat seinen Preis. Viele Menschen gehen durch das Leben und versuchen, sich etwas gratis zu erschleichen oder glauben, dass sie um das Bezahlen herumkommen. Ich selbst habe das auch schmerzhaft erfahren. Besser ist es, wenn wir uns klar darüber sind, was wir im Leben haben wollen und welchen Preis wir dafür bezahlen müssen.

Jede Entscheidung im Leben verlangt einen Preis. Wer sich entscheidet, das Leben eines ungebundenen Single zu leben um seine Freiheit und Unabhängigkeit zu genießen, bezahlt einen Preis: Wenn er abends heimkommt, werden keine Kinder auf ihn zurennen und freudig „Papa" schreien. Wer sich dazu entschließt, Familie zu gründen und Kinder zu haben, bezahlt einen anderen Preis: Er kann nicht mehr ungeniert allen Wünschen und Ideen nachhängen, sondern muss Rücksicht auf Familie und Kinder nehmen.

Wer eine akademische Karriere machen will, bezahlt den Preis eines mehr oder weniger intensiven Universitätsstudiums. Wer seinen Nervenkitzel in gefährlichen Extremsportarten sucht, zahlt den Preis des höheren Verletzungs- und Unfallrisikos. Wer sich entscheidet, am Morgen länger im Bett zu bleiben und zur Arbeit spät zu kommen, zahlt langfristig den Preis einer möglichen Karriereeinbuße. Wer beschließt, jeden Morgen eine Stunde früher aufzustehen, um zu laufen, bezahlt den Preis, dass er eben nicht so lange schlafen kann.

Wenn wir uns über den Preis im Klaren sind und uns vergegenwärtigen, dass wir nicht ewig leben, fällt es uns auch leichter, auf manche Dinge ganz bewusst zu verzichten. Damit wir andere Dinge, die uns eben wichtig sind, haben können. Wer allerdings versucht, den Preis herunterzuhandeln und sich um das Zahlen herumzudrücken, zahlt meisten à la longue einen höheren Preis.

Zum Abschluss dieses Kapitels

Mittlerweile können Sie die drei Fragen vom Beginn dieses Kapitels leicht beantworten. Die Lösung der drei Problemstellungen bereitet Ihnen spätestens jetzt keine Schwierigkeiten mehr. Sie können die Antworten verschiedener Leser auf unserer Homepage (**www.vbc.biz**) nachlesen und selbst Ihre Meinung dazu kundtun.

5 Geiz ist nicht geil, sondern dumm

Wider die Diffamierung der Geilheit

Können Sie diese drei Fragen beantworten?

1. In Wirklichkeit will doch jeder nur den möglichst billigen Preis für ein Produkt, oder etwa nicht?

2. Ist etwa Verschwendung besser als Geiz?

3. Gibt es Situationen, in der Menschen bei zwei völlig identischen Produkten von sich aus zum Teureren greifen?

Können Sie die drei Probleme lösen?

1. Sie sind zu einem Kunden unterwegs und haben nach einer längeren Autofahrt eine kurze Kaffeepause eingelegt. Das Café ist direkt neben einem Lebensmitteldiscounter. Dort sehen Sie ein Plakat mit einer extrem billigen Schlagbohrmaschine. Sie haben keine Schlagbohrmaschine und brauchen derzeit auch nicht unbedingt eine. Aber Sie überlegen, ob Sie nicht doch bei diesem Schnäppchen – sozusagen auf Vorrat – zugreifen sollten. Wie sieht Ihre Strategie aus?

2. Sie besuchen einen neuen Kunden. Den Termin haben Sie selbst vereinbart und haben sich im Vorhinein über diesen Kunden im Internet informiert. Zur Begrüßung sagt Ihnen Ihr Kunde, dass es ihm nur auf die Preise ankommt. Von einer brauchbaren Produktqualität geht er aus. Was tun Sie in diesem Fall?

3. Sie haben einen Sonderbonus bekommen. Ein stattlicher Betrag, den Sie nicht direkt brauchen. Ein Bekannter von Ihnen ist Vermögensberater und hat ein besonders Angebot. Es handelt sich um einen Fonds, der ausländische Lebensversicherungspolizzen von aidskranken Personen kauft. Er verspricht eine Rendite von über 20 Prozent im Jahr. Wie gehen Sie vor?

Mit dem Seitenhieb in der Kapitelüberschrift auf einen sehr „zeitgeistigen" Werbeslogan, werde ich hier den Geiz als unerstrebenswerte und langfristig teure Tugend vorführen. Der Elektrohandelskonzern, der mit diesem Slogan intensiv geworben hat, möge mir verzeihen. Lustigerweise ist er ohnehin schon VBC-Kunde (und ich hoffe, er wird es auch bleiben ;-)

Der Geiz

Der Duden beschreibt Geiz als „übertriebene Sparsamkeit". Im Volksmund ist Geiz eine Untugend, und im praktischen Leben ist Geiz nicht dazu geeignet, Glück zu generieren.

Achtung, ich spreche nicht von Sparsamkeit oder behutsamem Umgang mit seinen eigenen Ressourcen. Als am Bodensee aufgewachsener Westösterreicher mit deutschen Eltern habe ich sogar „alemannische" Sparsamkeit geerbt (für manche schon nah an der Grenze zum Geiz). Im Büro wird darüber geschmunzelt, wenn ich Probeausdrucke oder interne Kopien auf der Rückseite von bereits gebrauchtem Papier mache.

Nein, mit Geiz ist eben eine über die Sparsamkeit hinausgehende, zwanghafte (neurotische) Lebenshaltung gemeint. Die Grenzen sind natürlich fließend. Geiz liegt gewissermaßen im Trend und hat so in den letzten Jahren ein salonfähiges Image bekommen. Zu Unrecht, wie ich beweisen werde.

Die Geilheit

Demgegenüber hat die Geilheit ein, meiner Meinung nach, ungerechtfertigt schlechtes Image. Wobei wir uns zuerst auf eine Begriffsdefinition einigen müssen: Das Lexikon von Bertelsmann schlägt für „geil" vor: „lüstern, geschlechtlich erregt". Geil ist in manchen Teilen des deutschsprachigen Europas zu einem Modewort der Jugend geworden. Dabei hat „geil" ungefähr die Bedeutung von „cool", einem anderen Modewort. Die Kinder und Jugendlichen meinen damit meistens so etwas wie „super", „toll", „fantastisch" etc. Es handelt sich also um eine starke Zustimmung und Befürwortung.

Die Geilheit kommt ursprünglich aus der Sexualität, und dort gehört sie nach wie vor hin. Es handelt sich also um eine starke sexuelle Attraktion. Der Sexualtrieb hat in unserer Kultur oft ein schlechtes Image. Auch das zu Unrecht, wie ich behaupte. Der Sexualtrieb ist einer der stärksten Motivatoren, den wir Menschen kennen. Und nicht nur wir Menschen, auch in der Tierwelt wird für die Partnersuche und die Paarung ein ziemlicher Aufwand getrieben. In jedem Fall ist der Sexualtrieb zur Arterhaltung wichtig, und wir wissen aus der Gehirnforschung, dass sexuelle Ekstase eine der höchsten Formen von Eustress (dem positiven, glücksbringenden Stress) ist.

Der Sexualtrieb ist nur dann gefährlich, wenn er nicht ausgelebt, sondern unterdrückt oder in irgendeiner Form krankhaft abgeändert (pervertiert) wird. Pervertierter, fehlgeleiteter Sexualtrieb, der definitiv destruktive Ausmaße annehmen kann, ist vergleichbar mit der pervertierten Sparsamkeit, die zum Geiz wird. Positiv ausgelebte Sexualität (und Geilheit) hingegen ist eine der zuverlässigsten Glücksquellen für nahezu alle Lebewesen.

Die Kehrseite des Geizes in der Praxis

Ein Beispiel: Meine Stirne ist schon ab dem 30. Lebensjahr immer höher geworden. Daher habe ich den Rest der Haare relativ kurz geschoren, manchmal sogar ganz rasiert. Das erspart mir den Frisörbesuch und das lästige Föhnen. Man kann die Kopfhaare bequem mit einem Kurzhaarschneider auf die gewünschten 1,5 oder 2,5 Millimeter Länge bringen. Vor einigen Jahren habe ich mir so ein Gerät eines deutschen Markenherstellers zugelegt und dafür knapp unter 100 Euro bezahlt. Später fand ich auf dem Flugblatt eines Discounters das Angebot für einen Kurzhaarschneider (allerdings ohne Akku, nur mit Strombetrieb) eines No-Name-Herstellers um ca. 15 Euro. Die Versuchung war zu groß, und ich bin nach der Arbeit extra dort vorbeigefahren. Im Regal fand ich noch zwei Stück dieses Sonderangebots und kaufte gleich alle beide. Ich wollte je einen im Büro und zu Hause verwenden und den bereits vorhandenen Markenrasierer mit Akku auf Reisen mitnehmen. Die Dinger funktionierten sogar – obwohl etwas klobig und schwer – anfangs recht gut.

Nach wenigen Wochen ist bei beiden der Plastikaufsatz, mit dem man die Haarschnittlänge einstellt, gebrochen. Anfangs habe ich noch versucht, den Aufsatz irgendwie mit der zweiten Hand festzuhalten, bis ich mir fast das Ohr abschnitt. Unnötig zu erwähnen, dass es unmöglich war, diese Plastikaufsätze nachzubestellen. Somit waren beide neu gekauften Rasierer wertlos.

Ja, ich hatte innerhalb von zwei Monaten 30 Euro in Sondermüll verwandelt, der noch extra entsorgt werden muss.

Wenn ich diese Geschichte in meinen Trainings erzähle, fällt jedem der Teilnehmer sofort eine ähnliche Story ein: die Schlagbohrmaschine zum Sensationspreis, bei der beim ersten längeren Bohrversuch das Plastikgetriebe einschmort; der Steckschlüsselsatz, der bei der ersten festsitzenden Schraubenmutter weich wird wie Butter und sich völlig ausdreht, oder die supergünstige Funktionswäsche, die schon beim ersten Waschgang den Rest der Wäsche einfärbt. In all diesen Beispielen (und jeder von uns hat solche) wird gutes Geld zum Fenster hinausgeschmissen. Ja, es wird sogar in den meisten Fällen Sondermüll produziert, der unsere Ökobilanz belastet.

Und daher hier ein Praxistipp für ihre nächste Preisverhandlung:

Erzählen Sie Billig-Storys

Erzählen Sie solche Geschichten aus eigenem Erleben Ihren Kunden in der „Smalltalk-Phase", das heißt, noch lange bevor Sie zur Preisverhandlung kommen. Erwähnen Sie auch, wie Sie sich über den Verlust und das hinausgeschmissene Geld geärgert haben. Mit etwas Glück und einer guten Pausentechnik gelingt es oft, dass der Kunde selbst eine ähnliche Geschichte erzählt. So wirkt die Erinnerung, die Sie durch Ihre Erzählung heraufbeschwören, wie ein Samenkorn im Bewusstsein des Kunden.

Wenn Sie diese Saat ausgesät haben, können Sie in der Preisverhandlungsphase des Gespräches eine tolle Ernte einbringen. Das Ganze kann natürlich bei institutionellen Kunden und größeren Geschäften zeitlich weit auseinander liegen. Aussaat und Ernte müssen nicht im selben Gespräch sein. Wenn der Kunde dann am Preis herummäkelt und herunterhandeln will, erinnern Sie ihn an die Geschichte, und er wird in Bezug auf den billigen Mitbewerber ein schlechtes Gefühl bekommen. Die Erinnerung an den persönlichen Ärger mit einem Billigprodukt und das dafür hinausgeworfene Geld arbeitet dann für Sie.

Erzählen Sie also solche Billig-Storys (besser wirklich erlebte als nur „nacherzählte") wann immer sich die Möglichkeit dazu ergibt. Bei der nächsten Preisverhandlung wird es Ihnen nützen.

Auch im geschäftlichen, nicht nur im privaten Bereich gibt es viele Geschichten von „teuren" Billigkäufen.

Beispiel 1: Als in Wien das Allgemeine Krankenhaus geplant und gebaut wurde, ist unüblich viel Steuergeld vernichtet worden. Der Bau wurde zu einem Riesenskandal und hat bis in die höchsten politischen Ebenen Köpfe rollen lassen. Es ging dabei um überhöhte Rechnungen, Schmiergeldzahlungen etc. Eine der Episoden, die letztendlich sehr teuer kam, ist die Folgende:

Für so einen großen Hightechbau braucht es natürlich eine ziemlich aufwendige Klimatechnologie. Die Ausschreibung wurde durchgeführt und der Auftrag dem Billigstbieter übertragen. Dieser machte, nachdem schon die Röhren und Schächte eingebaut und einige Millionen bezahlt waren, Pleite. (Er war nicht umsonst der Billigstbieter!) Im Zuge des Konkurses verschwanden alle Unternehmensunterlagen bezüglich dieses Auftrages. Auch sämtliche Pläne waren wie vom Erdboden verschluckt. Folglich musste nicht nur noch einmal „teureres" Geld für einen neuen Auftragnehmer ausgegeben werden, sondern dieser musste zuerst (natürlich gut und extra bezahlt) alle Röhren und Schächte wieder herausreißen. Die vermeintliche Billigentscheidung hat im Endeffekt sehr, sehr, sehr viel Geld gekostet.

Beispiel 2: Ich selbst war zehn Jahre lang in der Medizintechnik als Verkäufer, Verkaufsleiter und zuletzt Geschäftsführer tätig. Unter anderem habe ich chirurgische Instrumente für verschiedene Fachdisziplinen verkauft. Dabei handelte es sich um Präzisionswerkzeuge für die Humanmedizin, die mit einem vergleichsweise hohen Handarbeitsanteil von spezialisierten Herstellern (hauptsächlich in Süddeutschland) produziert werden.

Immer wieder kam es vor, dass Krankenhausverwaltungen einem unbekannten Billigstbieter aus Übersee einen Auftrag für neue Instrumente gaben. Zum Schrecken der operierenden Ärzte und des Pflegepersonals hat sich dann in der Dampfsterilisation auf den Billiginstrumenten Rost gebildet. Damit nicht genug. Die Billiginstrumente haben im Sterilisator via „Flugrost" die anderen, hochwertigen Instrumente infiziert, die auf diese Weise ebenfalls Rostflecken bekamen. Im schlimmsten Fall musste man alle Instrumente (die billig neu gekauften und die bestehenden hochwertigen) wegschmeißen – auch das eine ziemliche Geldvernichtung unter dem Titel „Geiz ist geil".

Beispiel 3: Bei meiner ersten Kuba-Reise zeigte mir mein Fremdenführer einige im Verfall befindliche Fabrikgebäude mit verrosteten Maschinen, die noch keine einzige Stunde in Betrieb gewesen waren. Das lag nicht etwa an der sprichwörtlich karibischen Lässigkeit. Wie war es also dazu gekommen?

Fidel Castro hat sich bekanntlich nach der Revolution mehr oder weniger notgedrungen mit der damaligen UdSSR verbrüdert. Es herrschte Kalter Krieg, und die Amerikaner ließen den Kubanern wenig andere Chancen. Die Sowjets waren überglücklich, einen kommunistischen Brückenkopf direkt vor der Nase des Erzfeindes zu haben. Kuba konnte daher billiges Erdöl und Erdgas aus der Sowjetunion beziehen und mit eigenem Zucker bezahlen. Unter anderem wurden auch komplette Produktionsfabriken zu besonders billigen Konditionen von den Russen nach Kuba geliefert. Die Qualität war so schlecht, dass man die Fabriken nie in Betrieb nehmen konnte. Jetzt stehen sie als Erinnerungen an die kubanisch-sowjetische Freundschaft rostend in der Gegend.

Alles das sind Beispiele, wie ein vermeintlich billiger Kauf sehr teuer geworden ist.

Wer erinnert sich noch an López?

1993 war die Geschichte in aller Munde: Der hoch dekorierte und gehypte Einkaufschef von *General Motors* wurde von Ferdinand Piëch für *VW* abgeworben. López war für seine Erpressungen bei den Zulieferern bekannt. Er verwendete auch eine sehr kriegerische Terminologie und bezeichnete seine Mitarbeiter als Kreuzritter. Jüngst las ich in einem Rückblick der Zeitschrift *Autorevue* folgenden Artikel über López:

„José Ignacio López de Arriortúra war nicht nur ein praktizierender Irrer, sondern rückblickend auch eine der ganz großen Irrungen der Autoindustrie. Damals war der spanische Manager aber ein Superstar und gab revolutionäre Management-Fibeln heraus. Manche seiner Regeln hatten Ewigkeitswert (niemals vor einem Meeting Bohnen essen!), viele eher nicht. Heute darf gesagt werden, dass seine Einsparungstricks (und die daraus resultierenden Qualitätskatastrophen) maßgeblich am Niedergang der Marke *Opel* beteiligt waren. Als ihn Piëch abwarb und López als Gastgeschenk ein Zimmer voller geheimer *Opel*-Akten mitbrachte, wusste das noch keiner. Es gab große Aufregung, schließlich verglich sich *VW* mit *GM*. López verschwand irgendwann in der Versenkung, heute führt er wahrscheinlich eine Sekte von Jesusgläubigen in den baskischen Bergen zum Seelenheil."

Dem habe ich nicht viel hinzuzufügen, außer vielleicht ein Bonmot, dass vom österreichischen „Sonnenkönig" überliefert wurde. Für die nicht-österreichischen Leser sei gesagt, dass es sich dabei um den langjährigen erfolgreichen Bundeskanzler Bruno Kreisky handelt. Dieser war unbestreitbar eine Persönlichkeit und hatte Charisma im Übermaß. Für einen schnurrigen „Sager" war er immer gut (und bei den Journalisten beliebt). Auf die Frage eines Reporters, wie er sich nach einer heimtückischen Attacke aus seinem politischen Lager fühle, sagte er in seiner bekannt sonoren und langsamen Sprechweise:

„Ein altes indianisches Sprichwort sagt: Wer lange am Fluss sitzt, sieht viele Leichen vorbeitreiben."

Preis als Qualitätsmerkmal

Zu einer Zeit, als ich Single war, hatte ich das Glück, von einer Angebeteten zum Frühstück in ihre Wohnung eingeladen zu werden. Ich freute mich riesig, da ich schon längere Zeit erfolglos um ihre Gunst geworben hatte. Jedenfalls fragte ich sie am Telefon, was ich mitbringen soll. Sie meinte, sie habe alles zu Hause. Wenn ich jedoch bei einer Bäckerei vorbeikäme, soll ich doch noch ein bis zwei Croissants mitnehmen. Natürlich kam ich bei einer Bäckerei vorbei, das heißt, ich habe eine ausfindig gemacht. Die Bäckerei hatte zwei verschiedene Croissants, ein Modell um 1,19 Euro und ein Modell um 1,29 Euro. Die junge Verkäuferin (noch nicht VBC-geschult) konnte mir den Unterschied auch nicht erklären, außer dass eben die einen 1,19 Euro und die anderen 1,29 Euro kosteten.

Hand aufs Herz, welches hätten Sie gekauft? Also, ich habe natürlich das Modell um 1,29 Euro gewählt. Obwohl die Dinger für mich völlig gleich aussahen und ich sie nicht vorher probieren konnte. Das heißt:

In manchen Situationen wird der Preis zum alleinigen Qualitätsmerkmal.

Das muss man sich einmal auf der Zunge zergehen lassen. Nur weil der Zulieferer dieses Bäckereifilialisten oder dessen Marketingabteilung beschlossen hatte, das Produkt im Preis höher zu positionieren, hat es in solchen Situationen eine bessere Absatzchance (vom besseren Deckungsbeitrag und Gewinn einmal ganz abgesehen).

Sie werden jetzt vielleicht sagen: „Wir verkaufen keine namenlosen Brötchen." Natürlich, und es funktioniert auch nicht in allen Fällen. Aber es gibt immer wieder Situationen, wo der höhere Preis als Qualitätskriterium gesehen wird. Das heißt, man will sich etwas gönnen, nicht kleinlich sein, für sich und seine Lieben nur das Beste, kein Risiko eingehen, auf Nummer Sicher gehen. Oder um es mit Wilhelm Busch zu sagen:

„Bei genauerer Betrachtung steigt beim Preis die Achtung."

Zum Abschluss dieses Kapitels

Mittlerweile können Sie die drei Fragen vom Beginn dieses Kapitels leicht beantworten. Die Lösung der drei Problemstellungen bereitet Ihnen spätestens jetzt keine Schwierigkeiten mehr. Sie können die Antworten verschiedener Leser auf unserer Homepage (**www.vbc.biz**) nachlesen und selbst Ihre Meinung dazu kundtun.

6 Preisstrategie

Aldi und Lidl oder Rolex und Bentley?

Können Sie diese drei Fragen beantworten?

1. Sind auf Gewinnmaximierung ausgerichtete Unternehmen langfristig erfolgreicher als andere?

2. Was ist besser? Discounter wie *Aldi* und *Lidl* oder Hochpreisstrategie wie *Rolex* und *Bentley*?

3. Unter welchen Voraussetzungen sind Mitarbeiter großer Firmen an der eigenen „Wegrationalisierung“ beteiligt?

Können Sie die drei Probleme lösen?

1. Sie sind Hersteller hochwertiger Armaturen für Badezimmer. Sie haben einige Designpreise gewonnen und Ihre Produkte kosten im Schnitt fast doppelt so viel wie vergleichbare Mitbewerberprodukte. Sie haben einen Marktanteil von 3 Prozent und die Ertragslage Ihres Unternehmens ergibt eine gute Eigenkapitalverzinsung. Ein namhafter Discounter tritt an Sie heran und möchte eines Ihrer Produkte über die Discount-Schiene vertreiben. Er verspricht eine sehr große Abnahmemenge von ein und demselben Produkt, das Sie unter diesen Voraussetzungen tatsächlich sehr günstig produzieren könnten. Der Preis, den er Ihnen zahlen will, liegt 35 Prozent unter dem Preis, den Sie durchschnittlich an andere Kunden verrechnen, und der Endverbraucherpreis, den er verlangen würde, liegt ca. bei der Hälfte des normalen Endverbraucherpreises. Wie gehen Sie vor?

2. Sie haben eine kleine Volvo-Vertretung in einem Vorort Berlins. Nachdem die Bundesregierung aus Bonn übersiedelt ist, bekommen Sie vom Generalimporteur das Angebot, einen Diplomatenverkauf zu betreiben. Der Generalimporteur besteht aber darauf, dass Sie zu diesem Zweck einen eigenen Verkaufs- und Ausstellungsraum im noblen Botschaftsviertel einrichten. Das ist für Sie mit hohen Investitionen verbunden. Unter welchen Voraussetzungen lassen Sie sich auf das Abenteuer ein?

3. Sie sind Seniorchef eines gut gehenden Schuhherstellers. Ihre Produkte haben ein sehr hohes Image am Markt, werden in Deutschland entwickelt und designt und unter Ihren Qualitätsspezifikationen im Ausland für Sie gefertigt. Ihr Sohn ist mittlerweile erfolgreich in Ihrem Unternehmen tätig. Er möchte sich selbst auch entwickeln und hat die Idee, eine Discount-Schiene aufzuziehen, um zusätzliche Geschäfte zu machen. Er erzählt von den Synergiepotentialen und möchte von Ihnen eine Entscheidung. Welche Gesichtspunkte sind in so einem Fall für Sie wichtig?

Strategie

Im Sprachlexikon erfahren wir, dass der Begriff Strategie aus dem Griechischen kommt: „Stratos" bedeutet „Heer" und „agein" heißt „an der Hand führen". In der digitalen Enzyklopädie *Encarta* von *Microsoft* finden wir folgenden Eintrag zum Thema Strategie: „Strategie, politisches oder militärisches Konzept zur Erreichung eines definierten Zieles, als Begriff in ähnlichem Sinn auch alltagssprachlich gebraucht. Taktik ist demgegenüber als Abfolge von Einzelschritten (innerhalb eines größeren Gesamtkonzepts definiert). Eine Strategie kann erst formuliert werden, wenn die zu verwirklichenden Ziele feststehen." Tja, nun sind wir wieder beim Militär gelandet.

Es geht also um ein Konzept zur Erreichung eines definierten Zieles, und – so die Definition – eine Strategie kann überhaupt erst formuliert werden, wenn die Ziele feststehen. Diese Ziele befinden sich üblicherweise in der obersten Wertehierarchie eines Unternehmens. Meist finden wir sie bei den Unternehmensselbstbeschreibungen unter dem Kapitel „Mission und Vision". So mancher Leser wird jetzt vielleicht sagen: „Das ist doch klar, es geht um die Maximierung der Gewinne." In der Tat sieht es so aus, als würden heutzutage viele Unternehmen und unternehmerisch tätige Menschen nur noch dem blanken Mammon hinterherlaufen. Zoomt man jedoch in der Wirtschaftsgeschichte etwas zurück, so sind diejenigen Unternehmen langfristig erfolgreich, die von bestimmten Zielen und Werten (ihrer Gründer oder obersten Führungsriege) angetrieben werden. Diese Werte betreffen eben nicht nur die „Gewinnmaximierung".

Gewinn als Unternehmensziel

In meinen Trainings vergleiche ich den Zugang zum Gewinn ganz gerne etwas pathetisch mit der Gesundheit des menschlichen Körpers. Das heißt, wir Menschen leben unser Leben nicht nur, um gesund zu sein. Es ist nicht das einzige Lebensziel, nach bestenfalls 90 oder 100 Jahren einen möglichst unversehrten Kadaver in die Kiste zu legen. Menschen, die das tun oder so erscheinen, als würden sie das tun – so genannte Gesundheitsapostel, welche sich 24 Stunden am Tag mit ihrem Körper, ihrer Befindlichkeit und ihrem Stoffwechsel beschäftigen –, erscheinen meist etwas lust-, freud- und glücklos. Nein, wir haben Ziele, Visionen und Wunschträume für unser Leben. Sei es, dass wir eine Familie gründen und unsere Liebe und unser Wissen an die nächste Generation weitergeben wollen; sei es, dass wir in einem bestimmten Bereich zu höchster Meisterschaft aufsteigen wollen (Beruf, Sport, Musik, Malerei, Wissenschaft etc.). In jedem Fall leben wir unser Leben nicht nur, um gesund zu sein.

Andererseits sind unsere hochfahrenden Träume sehr schnell in Frage gestellt, wenn die Gesundheit sich verabschiedet. Das heißt, der über Jahre verbissen verfolgte Karriereplan wird in dem Moment unwichtig, in dem wir erfahren, dass wir zum Beispiel an Krebs erkrankt sind. Was ich damit sagen will: Die Gesundheit ist zwar nicht als alleiniges Lebensziel brauchbar, aber andererseits ist in unserem Leben ohne Gesundheit vieles andere in Frage gestellt. Gesundheit ist also eine Voraussetzung, um die wir uns sehr wohl kümmern müssen – um nämlich unsere anderen Lebensziele und -träume zu verwirklichen.

Und genauso ist es mit dem Gewinn im Unternehmen. Firmen, die ihre einzige Existenzberechtigung daraus beziehen, dass irgendjemand schnell reich wird und sich auf den Golfplatz einer Steueroase zurückziehen kann, solchen Firmen ist oft nur ein kurzes Leben beschert. Nein, Firmen werden groß und berühmt, weil sich zum Beispiel ein bubihafter Studienabbrecher einbildet, dass jeder Haushalt über einen PC verfügen soll. Als Bill Gates *Microsoft* gründete, wurde diese Idee von Zeitgenossen als blanker Unsinn abgetan. Oder weil jemand die fixe Idee und Vision hat, die *Coca-Cola*-Erfolgsstory mit einem anderen zucker- und koffeinhaltigen Brausegetränk nachzuzeichnen. Dietrich Mateschitz wurde anfangs belächelt. Der Lieferant, der seine ersten Energy Drinks in die Bullendose abfüllte, hat sich damals nicht vorstellen können, was daraus für ein Geschäft werden wird.

Als Herr Nicolas Hayek in den schlimmsten Krisenjahren der Schweizer Uhrenindustrie mit der Idee kam, eine „Plastikuhr" zu einem „Tiefstpreis" zu produzieren, haben ihn viele seiner Schweizer Kollegen für völlig durchgeknallt gehalten. Der weltweite Erfolg der *Swatch* hat letztlich der gesamten Schweizer Uhrenindustrie neue Impulse und neuen Auftrieb gegeben.

Diese Beispiele ließen sich endlos fortführen. Mir geht es vor allem darum herauszuarbeiten, dass nachhaltig erfolgreiche Unternehmen nicht nur von der Gewinnsucht ihrer Eigentümer oder Anteilsinhaber getrieben sind – oft ist sogar das Gegenteil der Fall.

Das goldene Kalb „Shareholder-Value"

In den vergangenen zehn Jahren hat die Unsitte des „Shareholder-Values" viele in ihren Bann gezogen. Hinter dem Begriff verbirgt sich die Idee, dass Unternehmen nur dazu da sind, ihren Aktionären oder Eigentümern möglichst viel Geld einzubringen. Alle anderen Dinge im Unternehmen hätten sich dem unterzuordnen. Meines Erachtens ist das ein schlimmer Irrweg, und die jüngsten Skandale bei großen börsennotierten Unternehmen (Bilanzfälschungen etc.) sprechen für meine These. Durch diesen übertriebenen Blick auf die kurzfristigen Gewinne je Aktie verlieren viele Manager und Top-Führungskräfte die langfristigen Ziele und Werte des Unternehmens aus dem Auge. Sie hecheln nur noch mit heraushängender Zunge von einem Quartal zum anderen und versuchen, die Börsenanalysten und institutionellen Anleger zu befriedigen.

Dabei hat sich vor allem in den USA eine besonders perverse Situation entwickelt. Im Zuge des Kostenreduktionswahns und der Gewinnoptimierungseuphorie werden alle Ankündigungen des Managements in diese Richtung mit steigenden Aktienkursen belohnt. Von den verschiedenen Maßnahmen, die dazu immer wieder herhalten müssen, ist der radikale Personalabbau die beliebteste. Das heißt, wenn eine Aktiengesellschaft die Pressemeldung herausgibt, dass 1000 Mitarbeiter gekündigt werden, steigen am selben Tag noch die Kurse. Dazu muss man wissen, dass diese Personalreduktionsmaßnahmen meist von so genannten „Golden Handshakes" für freiwillige Kündigungen belohnt werden. Es wird also den Mitarbeitern des Unternehmens das Angebot gemacht, wenn sie das Unternehmen freiwillig verlassen, bekommen sie eine Prämie von mehreren Monatsgehältern. Natürlich schlagen auch hier die Kräfte des Marktes gnadenlos zu. Die guten Mitarbeiter, die Intelligenten, Engagierten und Kreativen, die kommen leicht woanders unter und nehmen das Angebot an. Die Mittelmäßigen und die etwas Schlechteren wissen, dass sie nicht so leicht einen anderen Job bekommen und versuchen, im Unternehmen zu bleiben. Das heißt, dass mit diesen Kündigungswellen meistens ein unheimlicher Aderlass an Know-how, Kompetenz und Innovationskraft stattfindet. Noch dazu – und jetzt kommt's:

Aufgrund des amerikanischen Pensionssystems sind die kapitalkräftigsten Großanleger die Pensionsversicherungskassen. Das heißt, die vielen kleinen Pensionsversicherungsbeiträge aller Mitarbeiter ergeben in Summe riesige Milliardenbeträge, die wiederum in Unternehmen am Aktienmarkt investiert werden. De facto und auch de jure sind die Mitarbeiter ihre eigenen Henker. Sie geben den Fondmanagern ihr Geld und die Macht, auf die Unternehmen Druck auszuüben, dass sie Kosten senken und Mitarbeiter abbauen. Sie geben also ihren eigenen Henkern noch den Strick in die Hand und machen den eigenen Kragenknopf auf, damit der Henker es leichter hat.

Solche Perversionen entstehen dann, wenn Unternehmen nur noch mit dem

Ziel der Gewinnoptimierung geführt werden und Geiz als „geil“ und positiv dargestellt wird. Aber jetzt zurück zum Thema:

Die Ziele als Messlatte

Was sind Ihre Ziele oder die Ziele Ihres Unternehmens? Erst gemessen an diesen Zielen macht es Sinn, eine Preisstrategie zu definieren. Wenn Sie also in einem bestimmten Marktsegment das Ziel haben, den Mitbewerber aus dem Markt zu drängen, hat das möglicherweise einen massiven Einfluss auf Ihre Preisstrategie. Wenn Sie aber das Ziel haben, in Ihrer Marktnische die Qualitätsführerschaft zu übernehmen, so wird das unter Umständen bedeuten, dass Sie nicht gleichzeitig der Billigste sein können oder wollen.

Denkt man sich die möglichen Preisstrategien auf einer waagrechten Linie, bei der sich ganz links die Strategie des Preisführers (billigster Anbieter in einem gewissen Segment) und ganz rechts die des Hochpreisanbieters („sauteuer, aber es wirkt“) befindet, so kann man dazwischen unterschiedlich feine Abstufungen machen. Auffallend ist, dass jene Unternehmen am erfolgreichsten sind, die an einem der beiden Enden der Linie sitzen, also links der Discounter und rechts der Hochpreisanbieter. Diejenigen Anbieter, die sich irgendwo in der Mitte aufhalten, laufen Gefahr unterzugehen.

Um es mit einem Konsumgüterbeispiel zu untermauern: *H&M* (*Hennes & Mauritz* aus Schweden) machen mit ihren Textildiscount-Läden viel Umsatz und gute Gewinne. Die renommierten Edelkonfektionäre wie *Giorgio Armani, Escada, Chanel* etc. machen ebenfalls gute Geschäfte. Der Kleiderhändler im Mittelbereich (der von allem ein bisschen hat) verschwindet mehr und mehr von der Bildfläche. Es macht also Sinn, die eigene Preisstrategie beizeiten neu zu überdenken.

Was bei den beiden stark unterschiedlichen Strategien (Discounter oder Hochpreisanbieter) zu beachten ist, erfahren Sie nachfolgend.

Die Discounter

Wie vorher beschrieben, handelt es sich hier um eine Preisstrategie im Sinne der Preisführerschaft.

Produktsortiment

Für den Discounter ist wichtig (nachdem er seine Zielgruppe genau definiert hat), das Produktsortiment abzustecken und ein Mindestqualitätsniveau zu definieren. Wenn wir zum Beispiel zu *Aldi* oder *Lidl* einkaufen gehen, erwarten wir keine frisch gemachten Pasteten, exotische Früchte in Riesenauswahl oder 50 Sorten Hundekuchen. Nein, das Basissortiment ist in Wirklichkeit ziemlich schmal und wird nur durch diverse, zeitlich beschränkte Aktionen ergänzt. Wichtig ist für uns Kunden aber, dass wir uns darauf verlassen können, dass die Schokolade von *Aldi* und *Lidl* in der Qualität nicht schwankt. Wir kaufen also etwas zu einem günstigen Preis, mit dessen Qualität wir einverstanden sind.

Produktpräsentation

Nach dem Produktsortiment kommt die Präsentation der Waren. Dabei darf der Discounter ruhig sehr schlicht und sparsam vorgehen. Wir akzeptieren, dass die Produkte direkt von der Palette verkauft werden. Wir hätten aber als Kunden ein Problem, wenn die Verkaufsräume schmuddelig wären und faulende Lebensmittelreste herumliegen würden. Das heißt, auch hier muss ein gewisser Mindeststandard (in diesem Fall Sauberkeit) definiert und eingehalten werden. Das bringt uns zur Kommunikation und zum werblichen Auftritt.

Werbung und PR

Auch Werbung und PR (Öffentlichkeitsarbeit) dürfen sparsam und „günstig" sein. Wir erwarten keine Hochglanzprospekte und Product-Placements (bewusst platzierte Produkte in einem Film oder Ähnliches) in Luxusumgebung. Das heißt, das Flugblatt vom Discounter darf ruhig auf einfachem, dünnem Papier, vielleicht sogar nur in zwei, statt vier Farben, gedruckt sein. Wenn es aber vor Rechtschreibfehlern strotzt und die Fotos lieblos zusammenkopiert sind, wird es uns Kunden abschrecken. Auch hier wieder: Mindeststandards definieren und einhalten.

Verkäuferauftritt

Verkäufer von Discountern und Billiganbietern sollten nicht durch zu luxuriöse Accessoires auffallen. Sie müssen vielmehr mit einem auf die Preisstrategie abgestimmten Stil auftreten.

Ein Beispiel: Als ich noch angestellter Außendienstverkäufer in einer Medizintechnikfirma war, hatte ich das Glück, einen guten Chef zu haben. Von ihm habe ich in Verkauf, Management und noch einigen anderen Belangen sehr viel gelernt. Er war den schönen Dingen des Lebens sehr zugetan und hatte eine Schwäche für tolle Autos. So hatte er einen wunderschön restaurierten älteren *Rolls-Royce* fürs Wochenende. Bei der Arbeit fuhr er einen neuen *Jaguar Daimler*.

Wir gingen gemeinsam zu einem Kunden, der Arzt und Leiter einer eigenen Abteilung war. Bei Chefärzten und Professoren ist die Vorliebe für repräsentative Autos relativ weit verbreitet. Im Fall dieses Kunden handelte es sich aber um einen sehr sparsamen Menschen, der selbst einen *VW Passat* fuhr. Obendrein verhandelten wir mit ihm über die Anschaffung eines sehr teuren Gerätes und hatten versichert, dass er den günstigsten Preis bereits vorliegen hat. Als wir dann mit ihm zum Mittagessen gingen und er den doch recht protzigen *Jaguar* meines Chefs neben seinem *Passat* in der Garage sah, war er plötzlich weniger zugänglich.

Wir haben ein Produkt mit dem Argument der Kosteneffizienz angeboten, doch unser übertrieben luxuriöser Auftritt hat uns letztlich den Auftrag gekostet.

Hochpreisanbieter

Wenn wir mit einer Hochpreisstrategie in den Markt gehen, müssen wir dafür einiges bieten. Die subjektiv wahrgenommene Qualität, das Image und der vom Kunden empfundene subjektive Nutzen müssen den hohen Preis rechtfertigen. Warum hat *VW* um teures Geld die verlustbringende, marode Autofirma *Rolls-Royce* gekauft? Letztendlich hat *VW* ja ohnehin die komplette Produktion mit *VW*-Know-how und *VW*-Kapital erneuert. Wäre es nicht viel einfacher (und billiger) gewesen, einen Luxus-*VW* zu bauen? Nein, weil *VW* nicht für elitären Luxus steht. Gerade im hohen Preissegment sind der Schein und das Image ungleich wichtiger als im Discount-Bereich. Auch hier (wie bei der Discounter-Strategie) müssen wir wieder die Bereiche Produktsortiment, Produktpräsentation, Werbung, PR und Verkäuferauftritt berücksichtigen.

Produktsortiment

Wie zuvor besprochen, ist bei Hochpreisprodukten das Image der Marke ganz besonders wichtig. Wenn es dann noch gelingt, eine besonders hohe wahrgenommene Qualität mit einer gewissen Produktverknappung (es wird nur eine begrenzte Stückzahl angeboten) zu verbinden, ist man schon ganz gut im Rennen. Daher sind die Lieferzeiten für einen *Ferrari* auch länger als für ein Auto aus dem mittleren und unteren Preissegment.

Produktpräsentation

Dabei ist darauf zu achten, dass die Klientel, die viel Geld ausgeben will, ein gewisses Drumherum erwartet. Hier darf also mit Designer-Outlets, Hochglanzprospekten und dem ganzen VIP-Brimborium geklotzt werden. Daher finden wir auch die Schauräume der Luxuskarossen nicht in einem heruntergekommenen Vorort der Stadt, sondern in noblerer Umgebung.

Werbung und PR

In der Werbung und der Kommunikation ist darauf zu achten, dass wir einerseits die entsprechende Klientel (die, die auch das Geld hat und ausgeben will) ansprechen und uns andererseits tunlichst von zu großer Massentauglichkeit fernhalten. Product-Placements können hier von Hilfe sein. James Bond fährt eben entweder einen teuren *BMW* oder einen *Aston Martin* und keinen alten verbeulten *Buick* wie Peter Falk als Columbo. Sie liegen vermutlich richtig, wenn Sie jetzt annehmen, dass *BMW* und *Aston Martin* für das Placement bezahlt haben und *Buick* nicht.

Verkäuferauftritt

Die Verkäufer, die hochpreisige und hochwertige Produkte verkaufen, müssen auch in ihrem ganzen Auftritt dem entsprechen. Eine nachgemachte *Rolex* oder eine No-Name-Sportuhr, kurze Socken und ein schlecht sitzender Anzug von der Stange passen nicht zum Privatbanker. Aber Achtung, es geht nicht ums Protzen, sondern um Stil und Klasse.

Konkurrenzloses Produkt zum billigsten Preis

Viele von uns im Verkauf Tätige haben sich vielleicht schon einmal gedacht, wie schön das wäre: nämlich keine langen Strategien und mühsamen Verkaufsgespräche, sondern einfach ein absolutes Rennerprodukt zum absolut konkurrenzlosen Preis. Bei dieser Tagträumerei haben wir uns dann vielleicht auch schon ausgerechnet, wie viel wir damit verdienen könnten. Aber wenn wir den Gedanken konsequent durchspielen, kommen wir auf ein fatales Ergebnis. Wenn es das wirklich beste Produkt zum absolut konkurrenzlosen (billigsten oder günstigsten) Preis gäbe, bräuchte es dafür keine Verkäufer! So etwas verkauft man über Mundpropaganda oder übers Internet oder über irgendwelche anderen Kanäle. Professionelle Verkäufer braucht es dazu nicht. Das bedeutet für uns also, dass unsere Existenzberechtigung als Verkäufer langfristig daher kommt, dass es Mitbewerb und Konkurrenz gibt.

Gerade wenn verschiedenste Produkte und Dienstleistungen mit ähnlichem „Nutzenversprechen" zu unterschiedlichen Preisen angeboten werden, braucht es Profiverkäufer.

Menschen also, die den Kunden helfen, die für sie richtige Entscheidung zu fällen. Was sagt Wilhelm Busch dazu? Erinnern Sie sich noch an das Zitat im Kapitel 5?

„Bei genauerer Betrachtung steigt beim Preis die Achtung."

Dort haben wir anhand einer kleinen Geschichte nachgewiesen, dass es Situationen gibt, bei denen einzig der Preis eine höhere Qualität suggeriert. Bedenken wir also, dass es der Verkäufer im Außendienst mit den Hochpreisprodukten meistens leichter hat als der mit den Discount-Produkten. Dem Discounter wird nämlich immer im Zweifel unterstellt, eine minderwertige Qualität zu liefern, weil ja seine Produkte so billig sind. Beim hochpreisigen Verkäufer hingegen, möchte man nur möglichst viel runterhandeln. Grundsätzlich kauft man aber lieber das hochpreisige (= hochwertige) Produkt.

Ganz abgesehen davon kann man als Verkäufer von hochwertigeren Produkten auch ein etwas besseres Auto fahren (wenn es auch nicht gleich ein *Jaguar Daimler* sein muss) und mit seinen Kunden vielleicht in ein nettes Lokal gehen (muss sich also nicht in der Kantine abspeisen lassen) etc. Meine persönliche Präferenz für den Verkauf von Hochpreisprodukten soll jedoch nicht heißen, dass in der Discount-Schiene kein Geld zu verdienen wäre. Im Gegenteil! Wie die Beispiele *Aldi, Lidl, Hennes & Mauritz* etc. beweisen, ist in der Discounter-Schiene sogar sehr viel Geld zu machen. Wichtig ist nur, dass Sie Ihre Strategie eindeutig festlegen und dann konsequent in die Praxis umsetzen.

Sieben Schritte zu Ihrer Preisstrategie

Wie kommen Sie zu Ihrer Preisstrategie? Dazu empfehle ich Ihnen folgende Schritte:

1. **(Firmen-)Vision/Mission:** Welche grundsätzlichen Überlegungen, Visionen und Zielsetzungen haben Sie dafür?
2. **Kundennutzen:** Welchen „Wert" hat der Nutzen, den Sie mit Ihren Produkten/Leistungen beim Kunden kreieren?
3. **Umfeld/Mitbewerb:** Wie sieht die Preisstrategie in Ihrem Umfeld, in Ihrer Branche aus?
4. **USP:** Welchen USP (Unique Selling Proposition = Alleinstellungsanspruch) können Sie bieten? Wie können Sie sich dadurch von den Hauptmitbewerbern abgrenzen und/oder einen brauchbaren „Mehrwert" bieten? Wie relevant ist das für Ihre potentiellen Kunden?
5. **Absatzmärkte:** Welche Märkte können Sie bedienen? Welche sind am attraktivsten?
6. **Absatzkanäle:** Über welche Methoden und Kanäle können Sie Ihre Produkte/Leistungen in diese Märkte verkaufen? Welchen Einfluss hat das auf die Preise?
7. **Kalkulation:** „Last, not least" – wie sieht Ihre Kalkulation und Gewinnerwartung mit welcher Preisstrategie aus? Welche Kosten-Vor- oder Nachteile haben Sie gegenüber Ihren Konkurrenten?

Zum Abschluss dieses Kapitels

Mittlerweile können Sie die drei Fragen vom Beginn dieses Kapitels leicht beantworten. Die Lösung der drei Problemstellungen bereitet Ihnen spätestens jetzt keine Schwierigkeiten mehr. Sie können die Antworten verschiedener Leser auf unserer Homepage (**www.vbc.biz**) nachlesen und selbst Ihre Meinung dazu kundtun.

7 Preisfindung

Von harten Kalkulierern, gewitzten Zockern und dem Preiselastizitätskoeffizienten

Können Sie diese drei Fragen beantworten?

1. Führen sinkende Preise immer zu einer steigenden Nachfrage?

2. Weshalb kommen der Controller und die Marketingchefin bei ein und demselben Produkt auf einen unterschiedlichen Preis?

3. Wie weit kann man die Zigarettenpreise erhöhen, ohne dass ein signifikanter Umsatzrückgang entsteht?

Können Sie die drei Probleme lösen?

1. Sie haben eine Tischlerei und sind für Ihre Qualitätsarbeit im Großraum Ihrer Heimat sehr bekannt. Die Geschäfte laufen gut, aber nicht so gut, dass Sie sich nicht aktiv um die Aufträge bemühen müssten. Ein neuer Kunde (ein pensionierter Manager, der sich in Ihrem Heimatort niedergelassen hat) hat ein Haus gekauft und will von Ihnen ein Angebot für einen Wohnzimmerausbau. Er sagt Ihnen, dass Sie, wenn Sie ihm einen sehr günstigen Preis machen, auch noch die Chance haben, bei ihm die Küche, das Stiegenhaus, die Garderobe und zwei Schlafzimmer auszubauen. Wie gehen Sie bei der Kalkulation vor?

2. Sie sind Unternehmensberater. Die Stadtverwaltung einer mittleren Kleinstadt tritt an Sie mit folgender Problemstellung heran: Das stadteigene Hallenbad macht Verluste. Die Besucherzahlen sinken, und man überlegt, die Preisstrategie zu ändern. Wie gehen Sie an das Problem heran?

3. Sie sind im gehobenen Management eines Unternehmens tätig, und Ihr Erfolg hat sich herumgesprochen. Nun bekommen Sie von einem maroden Mitbewerber das Angebot, die Geschäftsführung zu übernehmen. Dem Unternehmen geht es – wie gesagt – nicht sehr gut, und daher wird Ihnen auch nur ein sehr kleines Gehalt, aber eine Beteiligung von 10 Prozent am Unternehmen angeboten. Unter welchen Bedingungen schlagen Sie zu?

Die Frage der Preisfindung ist gar nicht leicht zu beantworten. Wesentlich ist, wie ich als Unternehmer für mein Produkt oder meine Dienstleistung den „optimalen" Preis definiere. Dabei stolpern wir gleich über die Frage, was unter „optimal" zu verstehen ist? Eine einfache und pragmatische Antwort im Sinne des Wirtschaftens als Verkäufer wäre: „Optimal ist der Preis, mit dem ich am meisten Gewinn oder Ertrag erwirtschafte." Dazu gehört in erster Linie, welche grundsätzlichen Überlegungen und welche **Strategie** ich in meinem Unternehmen bezüglich des Preises habe (siehe Kapitel 6). Wenn man sich also über die eigene Preisfindung nicht klar ist, wird man sich wohl an einen Spezialisten wenden. Was Spezialisten uns raten, hängt wieder völlig von deren fachlichem Hintergrund und „Glaubensrichtung" ab. Ob Sie sich an einen **Controller,** an einen **Volkswirtschaftler** oder an einen **Marketer** wenden, Sie werden mit völlig unterschiedlichen Gedankengebäuden und Zugängen zum Thema Preisfindung konfrontiert. Sehen wir uns das einmal an:

Controller und Kostenrechner

Wenn Sie den Controller und Kostenrechner nach der Preisfindung fragen, so wird er wahrscheinlich mit einer Excel-Tabelle antworten. In dieser Excel-Tabelle wird mit verschiedenen Formeln berechnet, wie der Nettoeinkaufspreis zum Einstandspreis wird, wie die variablen Kosten, die Fixkosten und die sprungfixen Kosten dazugerechnet werden; eventuelle Skonti und Provisionen werden mit einkalkuliert, um dann schlussendlich auf einen Verkaufspreis zu kommen.

Dabei erinnere ich mich noch an meine Berufsschulzeit. Ich spreche hier von der Computersteinzeit, in der ein einfacher Taschenrechner so viel gekostet hat wie heute ein moderner PDA (Kleincomputer) und wir im Fach „Kaufmännisches Rechnen" all diese Kalkulationen „händisch" (eigentlich köpfisch) machen mussten. Am schwierigsten für uns Schüler war dabei das Prozentrechnen „von", „in" und „auf" Hundert: wenn man zum Beispiel von einem Einkaufspreis inklusive Mehrwertsteuer auf den Nettopreis kommen will („auf" Hundert); wenn man einen Preis hat, bei dem bereits ein Skonto abgezogen wurde und man wieder auf den Originalpreis rechnen will („in" Hundert); oder wenn man ganz einfach zum errechneten Verkaufspreis die Mehrwertsteuer dazurechnet („von" Hundert). Lustigerweise lernte ich Leute in der Wirtschaft kennen, die auch heute noch damit Probleme haben. Ich spreche hier nicht von schlecht ausgebildeten Lageristen, sondern von Fachleuten mit BWL-Abschluss an namhaften Wirtschaftsuniversitäten.

Zusammenfassend kann man sagen, dass die Controller in erster Linie mit dem rechnerischen Blick nach innen (ins Unternehmen und die eigene Kostenstruktur) an das Thema herangehen. Das ist durchaus legitim und wichtig. Als Unternehmer will ich ja verhindern, dass ich einen Preis für mein Produkt festsetze und später erkennen muss, dass ich einige Kosten vergessen habe und die Verkäufe sich im Endeffekt nicht lohnen und im schlimmsten Fall verlustbringend sind.

Volkswirtschaftler

Ganz im Gegensatz zum Controller wird der Volkswirtschaftler aufgrund seiner Ausbildung nicht mit dem internen Unternehmensblick, sondern einem ganz globalen Zugang an die Preisfindung herangehen. Aus meinem Marketingstudium habe ich noch den Begriff des „Preiselastizitätskoeffizienten" im Kopf. In erster Linie – so muss ich gestehen –, weil ich aus schwer erklärbaren Gründen das Wort so „sexy" finde. Jüngst war ein ehemaliger Chef von mir bei einem meiner Preisverhandlungstrainings. In der Vorbereitung dazu habe ich ziemlich geschwitzt, weil dieser Ex-Chef ein unternehmerischer und verkäuferischer Hochkaräter ist, von dem ich sehr viel gelernt habe. Meine Sorge war ganz klar: „Was kann ich dem schon Neues erzählen." Zu meiner Freude konnte mein Ex-Chef sehr wohl einiges für seine Praxis nach dem Training mitnehmen. Unter anderem habe er sich das Wort Preiselastizitätskoeffizient aufgeschrieben, weil er das so „sexy" fände.

Die Theorie sagt:

„Die Preiselastizität der Nachfrage gibt an, ob man durch eine prozentuale Preisänderung eine größere oder geringere Änderung der Absatzmenge (= Nachfrageänderung) erzielen kann."

Etwas detaillierter heißt das:

„Wenn der Preis um 1 Prozent gesenkt wird und dadurch die Absatzmenge um 1 Prozent oder mehr gesteigert werden kann, ist die Nachfrage elastisch. Wenn durch die Senkung um 1 Prozent die Nachfrage um weniger als 1 Prozent oder gar nicht ansteigt, ist die Nachfrage unelastisch. Dieser rechnerische Zusammenhang zwischen Preisveränderung in Prozent und daraus resultierender Nachfrageveränderung, ebenfalls in Prozent, nennt man den Preiselastizitätskoeffizienten."

Was bedeutet das jetzt für die Praxis? Nehmen wir dazu ein Beispiel, unter dem sich jeder etwas vorstellen kann.

Beispiel 1: Die Inhaber einer Pizzeria haben sich entschlossen, ihr Geschäft auszuweiten und einen Pizzazustelldienst anzubieten. Dazu haben sie einige hundert Pizzakartons mit ihrem Namen, Firmenlogo und der Telefonnummer bedrucken lassen. Sie engagieren einige Teilzeitkräfte mit Führerschein für die Auslieferungen und leasen oder kaufen preiswerte Zustellfahrzeuge. Um das Geschäft anzukurbeln, produzieren sie ein Flugblatt, das im ganzen Bezirk an alle Haushalte verteilt wird und schalten Inserate in der lokalen Presse. Nach zwei Monaten läuft das Geschäft noch immer recht schleppend und der Umsatz ist bescheiden. Die Erträge decken nicht die Mehrkosten, die investiert wurden, und das Ganze ist noch immer ein Verlust.

Um die Nachfrage anzukurbeln, beschließen die Pizzeriabetreiber, jede elfte Pizza gratis herzugeben. Dazu wird noch einmal in Drucksorten investiert und ein „Pizzapass" produziert, in dem für jede gekaufte und bezahlte Pizza ein Stempel Platz findet. Wenn die zehn Stempelfelder voll sind, ist die elfte Pizza gratis. Das heißt, es wird ein Naturalrabatt von 10 Prozent gewährt (als kleine Gehirnjoggingübung können die Verspielten unter den Lesern im Kopf ausrechnen, wie viel Prozent Nachlass vorliegt, wenn die zehnte Pizza gratis ist ;-).

Wenn unsere Pizzaunternehmer jetzt trotzdem nicht mehr Pizzen verkaufen, ist die Nachfrage unelastisch. Das kann daran liegen, dass die Kunden bereits einen Lieblings-Pizzalieferanten haben oder einfach nicht mehr Pizza essen wollen oder der um 10 Prozent rabattierte Preis noch immer als zu teuer empfunden wird.

Interessant ist in dem Zusammenhang auch die Frage: Um wie viel kann ich meine Preise erhöhen, ohne dass ich einen spürbaren Absatzverlust habe? Ganz besonders trifft das zu, wenn mein Angebot ohnehin begrenzt ist.

Beispiel 2: Angenommen, eine Frisörin hat ein kleines Innenstadtgeschäft mit zwei Frisörstühlen und einem Waschplatz. Sie arbeitet mit einer Mitarbeiterin, und somit sind beide Arbeitsplätze immer voll besetzt. Die beiden Frisörinnen machen einen sehr guten Job und haben viel Andrang. Die Anfragen übersteigen das Angebot (das heißt, es gibt mehr Kundinnen und Kunden, die einen Termin möchten, als es Termine gibt), und die Frisörinnen sind mit ihrem Geschäft zufrieden. Die spannende Frage lautet nun: Um wie viel kann die Frisörin ihre Preise erhöhen, ohne dass sie Leerzeiten damit produziert?

Beispiel 3: Im Extremfall kann sogar Folgendes passieren: Ein Beratungsunternehmen wurde von einer Stadt beauftragt, das städtische Hallenbad besser zu vermarkten. Man hatte mit ständig sinkenden Besucherzahlen zu tun, und der Fehlbetrag, der jedes Jahr aus der Stadtkasse zugeschossen werden musste, wurde immer größer. Die Stadthallenbadbetreiber hatten sich schon selbst den Kopf zerbrochen und einige Initiativen gesetzt, um wieder mehr Besucher in das Bad zu bringen. Unter anderem haben sie an die Bürger der Stadt Freikarten verteilt, um gratis (die dramatischste Preissenkung, die es gibt) ins Hallenbad zu kommen.

Natürlich haben die Freikarten nur für einen Besuch gegolten. Die Betreiber des Bades hatten sich erhofft, damit wieder mehr Stamm- und Dauergäste zu gewinnen. Das ernüchternde Ergebnis für Hallenbad und Stadtregierung war, dass trotz der Freikarten kaum mehr Besucher ins Bad kamen. Das heißt, die Nachfrage war sehr, sehr unelastisch in Bezug auf den Preis.

Die Unternehmensberater fanden in einer Analyse heraus, dass die Bürger das Bad nicht für „attraktiv“ hielten. Es machte einen altmodischen und schmuddeligen Eindruck, und daher war auch das Gratisticket kein besonderer Anreiz. Die Stadt hat daraufhin renoviert und einen modernen Wellnessbereich eingebaut und mit erhöhten Preisen wieder mehr Besucher gewonnen.

Das heißt also: Nur weil man etwas extrem verbilligt oder gar verschenkt (siehe Null-Euro-Handys von bestimmten Mobilnetzbetreibern), muss deshalb die Nachfrage noch lange nicht ins Unendliche steigen. Versuchen Sie einmal, in der belebten Fußgängerzone einer Großstadt Zehn-Euro-Scheine zu verschenken. Sie werden erstaunlich lange brauchen, bis Sie auf diese Weise 100 Euro los sind.

Marketingspezialisten

Fragt man einen Marketer nach der Preisfindung, so tut dieser Folgendes: Er fragt einige Kunden, was die dafür ausgeben würden. Aus Sicht der Marketer ist die zentrale Frage: Welchen Nutzen hat der Kunde und was ist er dafür zu zahlen bereit? Ein Produkt, das noch so toll ist und alle möglichen Features und die höchste Qualität aufweist, kann nicht verkauft werden, wenn es keinen Kundennutzen stiftet (computergesteuerte Zentralheizungen in tropischen Ländern).

Beispiel 1: Ganz zu Beginn meiner Karriere bin ich ein Jahr nach Südafrika ausgewandert. Obwohl ich kaum Englisch konnte und keine Arbeitsgenehmigung hatte, bekam ich die Chance, als Junior-Außendienstmitarbeiter bei einem südafrikanischen Textilhersteller zu arbeiten. Es handelte sich dabei um einen Wirkwarenerzeuger (Hersteller von Stoffen, die man zum Beispiel für T-Shirts, Jogginganzüge etc. benötigt). In der Firma wurden die Stoffe nicht nur hergestellt, sondern auch gefärbt, bedruckt und ausgerüstet (Fachausdruck für den letzten Schliff, damit ein Stoff auch weiterverarbeitet werden kann).

Nachdem unsere firmeneigene Druckerei nicht genügend ausgelastet war, hatte ich unter anderem die Aufgabe, die ungenützten Druckkapazitäten zu verkaufen. Das heißt, wir haben „im Lohn" Stoffe anderer Hersteller oder Zwischenhändler bedruckt. Dabei lernte ich auch einen Kunden kennen, den ich aus heutiger Sicht als „intuitives Marketinggenie" bezeichnen würde. Er war reiner Zwischenhändler (er kaufte Restposten bei Stoffherstellern und verkaufte weiter an Kleiderhersteller) und hat mitunter seine Stoffe bei uns für seine Kunden bedrucken lassen.

Der Händler war ein knapp 40-jähriger Einwanderer aus der (damals noch) UdSSR. Er war noch gar nicht so lange im Land und im Geschäft und zählte bereits zu einem der erfolgreichsten und wohlhabendsten Unternehmer in dieser umkämpften Branche. Mir war damals unerklärlich, wie das funktioniert. Sein Assistent (ein Exil-Österreicher wie ich) hat mir das „Geheimnis" aus seiner Sicht gelüftet. Er erzählte mir, dass sein Chef überhaupt nichts von Kostenrechnung, Buchhaltung oder auch nur den banalsten kaufmännischen Rechnungen versteht.

Erstens hatte der Unternehmer dafür ja seinen Assistenten, der das für ihn erledigte, und zweitens waren ihm die Prozente wurscht. Er konzentrierte sich bei seinen Preisfindungsüberlegungen ganz einfach darauf, wie dringend der jeweilige Kleiderhersteller jetzt welches Produkt brauchen wird. Sobald es sich um einen modischen Artikel handelte, der in kürzester Zeit in die Geschäfte musste, wusste der autodidakte Marketer, dass die Stoffhersteller zu viel Zeit benötigen, um das Grundprodukt zu fabrizieren. Er hatte ein Lager von Restposten, und darin fand er meist den richtigen Stoff, den er noch schnell bei einem Lohndrucker (wie eben bei uns) mit dem gewünschten Motiv bedrucken lassen konnte.

Das heißt, der Stoffhändler in Südafrika hat sich ausschließlich auf den Kundennutzen konzentriert und sich nicht um seine Einkaufspreise oder Kosten gekümmert.

Beispiel 2: Jüngst erfuhr ich, dass ein Zugticket von Liverpool nach Edinburgh für eine Fahrt um elf Uhr Vormittag 16 Pfund kostet (was im Vergleich zu uns sehr günstig erscheint). Dieselbe Zugfahrt kostet um sieben Uhr Früh über 100 Pfund (was für uns unglaublich teuer ist). Dort richten sich die Preise ganz einfach nach dem Kundennutzen und der Nachfrage.

Es hängt also nicht nur davon ab, wie wichtig ein gewisses Produkt oder eine

Dienstleistung ihrem Kunden ist, sondern zu welcher Zeit oder in welcher Form er es bekommt. Wie wir in den vorigen Beispielen gesehen haben, kann das auf den zu erzielenden Preis einen Rieseneinfluss haben.

Hier noch einige Beispiele schlechter Preisfindung:

Einen Welthit für 100 Dollar verkauft

Nina Simone, Sängerin und Pianistin aus den USA, verkaufte in einer Phase, in der es ihr persönlich und beruflich nicht sehr gut ging, die gesamten Rechte für ihren Song „My baby just cares for me" für ca. 100 US-Dollar an eine Plattenfirma. Jahre später wurde dieser Hit durch einen Werbespot weltberühmt und hat einige Millionen eingebracht. Leider hat Frau Simone nichts mehr davon bekommen.

Das Land der größten Finanzmetropole der Welt für eine Wagenladung voll Gebrauchsgegenstände

Als die Vorfahren der heutigen New Yorker den Eingeborenen die Halbinsel Manhattan für eine Wagenladung voll Decken, Gewehren und sonstigem Kram abkauften, hätten sich die Verkäufer nicht träumen lassen, dass 200 bis 300 Jahre später jeder Quadratmeter mehr wert sein würde als der damalige Preis für die gesamte Halbinsel.

Ein gebrauchter Ferrari zum Neupreis – ein schlechtes Geschäft?

Anfang der 1990er Jahre fand der Ex-Rennfahrer und Airline-Betreiber Niki Lauda einen Käufer, der ihm für seinen gebrauchten Ferrari den Neupreis bezahlte. Herr Lauda war über das Geschäft anfangs überglücklich. Er wusste nicht, dass er sich inmitten eines kräftigen Booms und einer extremen *Ferrari*-Nachfrage befand. Kurz nach dem Verkauf kam ihm zu Ohren, dass sein Kunde den Wagen nahezu um das doppelte Geld an einen Dritten weiterverkauft hatte. Ausschlaggebend war in erster Linie der damalige *Ferrari*-Hype. Der offizielle Erstbesitzer „Nikolaus Lauda" in den Fahrzeugpapieren hat wohl auch etwas zum hohen Kaufpreis beigetragen.

In Wien wird dem österreichischen Nationalhelden „Niki" besondere Sparsamkeit und manchmal sogar Geiz nachgesagt. Ob das stimmt oder nicht, weiß ich nicht. Jedenfalls war der ursprünglich vermeintlich gute Verkaufspreis doch etwas zu billig.

Und jetzt ein paar positive Beispiele:

Ein Jahr harte Arbeit eines Top-Manager für nur einen US-Dollar

Als der mittlerweile legendäre Lee Iacocca (die richtige Aussprache des Nachnamens erreichen Sie am besten, indem sie einen Amerikaner simulieren, der nicht Deutsch spricht und das Wort „Eierkocher" laut zu lesen versucht) die schwer in die roten Zahlen geratene, damals halbstaatliche drittgrößte amerikanische Autofirma *Chrysler* übernahm, tat er dies für ein Jahresgehalt von nur einem Dollar. Zusätzlich zu einem Paket damals wertloser Aktienoptionen.

Lee Iacocca hatte aber einen klaren Plan. Er war viele Jahre bei *Ford* im mittleren und später gehobenen Management tätig gewesen und verstand das Autogeschäft. Für Fans amerikanischer Oldtimer gilt er als Vater des *Ford Mustang*. Herr Iacocca hat in den als unführbar und unsanierbar geltenden Autoriesen frischen Wind gebracht und das Unternehmen wieder profitabel gemacht. Bereits nach einem Jahr verdiente er mit seinen Aktienoptionen Millionen.

2,7 Million Dollar für einen nur regional bekannten Namen und das nicht zu schützende Know-how, Milchshakes, Pommes frites und Hamburger herzustellen

Ray Kroc war bereits 50, als er in Kalifornien auf einen Schnellimbiss aufmerksam wurde, der besonders viele Kunden anzog. Den Inhabern, zwei Brüder mit dem Namen *McDonald's* bot er an, ihr Unternehmenskonzept als Lizenz an mehrere Interessenten zu verkaufen. Die drei wurden handelseinig, und die Geschichte von *McDonald's* nahm ihren Lauf. Nach sieben Jahren waren schon mehrere Franchisenehmer aktiv, und in Amerika kannte man in manchen Gebieten das Konzept recht gut. Nur hatte Kroc noch nicht wirklich Geld damit verdient. Im Gegenteil, die Firma machte noch Verluste.

In dieser Phase verlangten die Noch-Geschäftspartner (die Brüder McDonald's) 2,7 Millionen Dollar für die kompletten Rechte. Andere Geschäftspartner, Berater und Freunde rieten Ray Kroc davon ab. Wozu so viel Geld zahlen für etwas, das jeder nachmachen kann? Kroc zahlte, und bereits zehn Jahre später hätten die beiden Brüder mit ihrer vormaligen Beteiligungsregel jeden Monat mehrere Millionen Dollar kassieren können.

Den Menschen Geld dafür abnehmen, dass sie ihre Sünden loswerden und in den Himmel kommen und davon noch 50 Prozent an den Lizenzgeber weiterleiten – ein gutes Geschäft?

So etwas würde man heute höchstens irgendwelchen unsauberen Sektengründern zutrauen. Vor ca. einem halben Jahrtausend hatte ein extrem begabter Banker aus Süddeutschland eine geniale Idee: Er organisiert den Ablasshandel für die katholische Kirche in Rom und kassiert 50 Prozent Provision. Was aus heutiger Sicht völlig absurd klingt, war damals ein Millionengeschäft. Der Papst brauchte dringend Geld, und der deutsche Banker war ein genialer Verkäufer.

Dieser Banker namens Jakob Fugger konnte den Papst davon überzeugen, dass keiner den Leuten den Sündenerlass (Ablass) so gut verkaufen könne wie er mit seiner Vertriebsorganisation. Eine Provision von 50 Prozent wäre dafür angemessen. Nun floss wieder kistenweise Gold in die römischen Kassen und ebensoviel in die Keller des Bankers.

Ein moralisches Urteil maße ich mir nicht an. Die Sache war vor mehreren Jahrhunderten. Aus der Sicht der Preisverhandlung ist das jedenfalls hochinteressant.

Zum Abschluss dieses Kapitels

Mittlerweile können Sie die drei Fragen vom Beginn dieses Kapitels leicht beantworten. Die Lösung der drei Problemstellungen bereitet Ihnen spätestens jetzt keine Schwierigkeiten mehr. Sie können die Antworten verschiedener Leser auf unserer Homepage (**www.vbc.biz**) nachlesen und selbst Ihre Meinung dazu kundtun.

8 Vorbereitung

„Jaja, 50 Prozent des Erfolges liegen in der Vorbereitung"– gähn

Können Sie diese drei Fragen beantworten?

1. Was kostet ein Kundenbesuch eines angestellten Außendienstverkäufers im Durchschnitt?

2. Bei welchen Kundenbesuchen ist Vorbereitung unerlässlich?

3. Wie kann man sich am besten auf Einwände vorbereiten?

Können Sie die folgenden drei Probleme lösen?

1. Harald Polt war viele Jahre erfolgreich im Verkaufsinnendienst eines mittelständischen Unternehmens beschäftigt. Mit Ende 20 hat er den Sprung in den Außendienst gewagt und eine Anstellung bei einem Zulieferbetrieb für Lebensmittelhersteller angenommen. Nach der ersten Produktschulung fuhr sein Chef mit ihm zu den wichtigsten bestehenden Kunden. Jetzt macht Harald seine ersten „eigenen" Außendienstreisen und hat die Aufgabe, neben den bestehenden noch neue Kunden für das Unternehmen zu akquirieren.
   Bei der unmittelbar bevorstehenden Außendiensttour soll Harald Polt auch einen wichtigen langjährigen Kunden kennen lernen, der leider bei der ersten gemeinsamen Tour mit seinem Chef nicht angetroffen worden war. Sein Chef gibt ihm noch wichtige Infos zu diesem Kunden. Neben den Informationen über die Wichtigkeit des Kunden (der Umsatz bei dem Kunden beträgt fast 5 Prozent des Unternehmensumsatzes) und den bisherigen Produktabnahmemengen bekommt Harald Hinweise zur Person des dortigen Geschäftsführers. Dieser – so schildert Haralds Chef – ist ein mit allen Wassern gewaschener Vollprofi, der es besonders gut versteht, seine Lieferanten unter Druck zu setzten und aus ihnen das letzte Preiszugeständnis herauszuquetschen. Obendrein handelt es sich bei dem Kunden um einen besonders unsympathischen und unfreundlichen, ja sogar rüpelhaften Zeitgenossen.
   Was würden Sie als Kollege oder Coach Harald Polt für die Vorbereitung besonders ans Herz legen?

2. Ulrike Schober ist Key-Account-Managerin bei einer großen Softwarefirma in Hamburg. Während einer Dienstreise im Großraum Frankfurt bekommt sie einen Anruf von einem Innendienstkollegen aus ihrem Büro. Dieser teilt ihr mit, dass ein Kunde Ulrikes aus Frankfurt (eine Bank) angerufen hat. Es gibt dort ein dringendes Problem bei einigen Softwareanwendern mit dem gerade erst installierten Produkt „Equity 2010".
Der Innendienstkollege hat den Bankern bereits Frau Schobers Besuch im Laufe des Vormittags in Aussicht gestellt. Ulrike könnte zwar durch eine Terminverschiebung bei einem anderen Kunden noch an diesem Vormittag bei besagter Bank vorbeischauen. Allerdings kennt sie das Produkt „Equity 2010" nicht sehr gut und hat auch keine Zeit, sich auf diesen Besuch vorzubereiten. Was würden Sie an Stelle von Frau Schober tun?

3. Thomas Steinberger ist Außendienstmitarbeiter bei einem großen Hersteller von Reinigungs- und Hygieneprodukten für kommerzielle Abnehmer wie Gastronomie, Hotellerie, Krankenhäuser, lebensmittelproduzierende und -verarbeitende Betriebe. Er hat jetzt unter anderem ein neues Produkt zu verkaufen, das zum Reinigen und Desinfizieren von Tiefkühlschränken und kleinen Kühlhäusern dient. Bei der letzten Außendiensttagung gab es dazu eine Produktschulung, und die Firma hat speziell dafür ein farbiges Prospektblatt produziert. Damit kann man das Produkt, seine Anwendung und Vorteile sehr gut erklären.
Diesen Prospekt will Thomas für die Produktpräsentation beim Kunden verwenden und daher in seine Verkaufsmappe (ein A4-Ringbuch mit Klarsichtfolien) geben. Kollege Steinberger stört der groß aufgedruckte Einführungsaktionspreis des kompletten Sets auf der Vorderseite. Bei einem Verkaufstraining zum Thema Preisverhandlung hat er gelernt, dem Kunden zuerst den Nutzen zu erklären und dann erst über den Preis zu reden. Präsentiert er mit diesem Prospekt beim Kunden, so spricht ihn jeder sofort auf den Preis an.
Was würden Sie unserem Außendienstkollegen hier raten?

Lauter faule Ausreden

Jeder im Verkauf weiß, dass durch gute Besuchsvorbereitung die Erfolgschancen eines Kundengespräches drastisch erhöht werden. Dennoch erleben wir in der Praxis häufig massive Verstöße genau gegen diesen Punkt. Die vier häufigsten Begründungen dafür, sind Folgende:

1. „Ich kenne mein Geschäft"

Gerade von Kollegen, die schon länger im Verkauf tätig sind, bekommt man diesen Satz oft zu hören. Immerhin haben sie schon tausende von Geschäftsabschlüssen getätigt, kennen ihre Stammkunden in- und auswendig und haben auch schon jede Art von Kundenargumentation mehr oder weniger oft gehört. So ein Erfahrungsschatz ist in der Tat Goldes wert. Nur kann dieser „Schatz" nur dann gehoben werden, wenn wir die Erfahrung auch nützen und in die Vorbereitung einfließen lassen. Nur weil wir einen Kundeneinwand schon zigmal gehört haben, heißt dies noch lange nicht, dass wir bereits die beste Möglichkeit nützen, damit umzugehen.

An dieser Stelle passt das Zitat des britischen Schriftstellers und Denkers Aldous Huxley, das ich mir zum Motto meiner Trainings gemacht habe:

> **„Erfahrung ist nicht, was einem geschieht, sondern was man daraus macht."**

Etwas hemdsärmeliger könnte man sagen: „Alt werden alleine ist noch keine Leistung." Was ich damit sagen will: Nicht das, was uns geschieht, macht uns bereits weiser, sondern die Schlüsse und Umsetzungsschritte, die wir daraus resultierend folgen lassen. Erfahrung inkludiert also aktives Handeln und kein passives Mit-sich-geschehen-Lassen. Wer mit dieser aktiven Einstellung lebt und arbeitet, wird nicht nur erfolgreicher sein als der Durchschnitt, sondern sich auch noch nach vielen Kundengesprächen immer wieder Zeit zur Vorbereitung nehmen. Der Vorteil dieser aktiven Erfahrung ist meines Erachtens, dass man in der Tat weniger Zeit in die Vorbereitung investieren muss. Aber ohne Vorbereitung geht ein Profi nicht zum Kunden!

2. „Dazu habe ich leider keine Zeit"

Das ist eine häufig gehörte Ausrede: der Verweis auf den vollen Terminkalender und die von der Firma geforderten so und so viel Kundenbesuche pro Tag, zusätzlich die üblichen administrativen Tätigkeiten, die ständig anwachsende Informationsflut, die per E-Mails und auf Papier über die Damen und Herren im Außendienst schwappt. Das stimmt alles. Und dennoch ist es keine Rechtfertigung für eine schlampige oder gar nicht gemachte Vorbreitung. Die Erfahrung zeigt, dass ein schlecht vorbereiteter Kundenbesuch viel mehr Zeit im Nachhinein kostet. Man geht entweder ein zweites Mal hin oder muss aufwendige Nachrecherchen etc. durchführen.

3. „Es kommt erstens alles anders und zweitens als man denkt"

„Was soll ich mich lange vorbereiten? Es kommt ja ohnehin meistens anders, und durch eine Vorbereitung bin ich nur zu sehr auf meine Schiene eingefahren und verliere dadurch Flexibilität." Diese Ausrede hören wir oft. Dabei werden zwei grundsätzliche Dinge verwechselt. Der beklagte Verlust der eigenen „Flexibilität" wird ursächlich mit der „Vorbereitung" verknüpft. Ich behaupte: Das eine hat mit dem anderen nichts zu tun. Eine Handlung wird fälschlicherweise mit einer Fähigkeit verknüpft. Sich auf einen Kundenbesuch vorzubereiten, ist eine Handlung, die jemand setzt. In seinem Tun und Lassen flexibel zu sein, ist eine Fähigkeit. Das liegt auf einer anderen Ebene der Persönlichkeitsentwicklung. Wenn jemand also als Person unflexibel ist, dann ist diese Person eben unflexibel, ob vorbereitet oder nicht.

Natürlich kann es vorkommen, dass man trotz bester Vorbereitung unter Berücksichtigung aller möglichen Eventualitäten mit einem völlig neuen Sachverhalt konfrontiert wird. Auf diesen konnte man sich auch nicht vorbereiten. In diesen Situationen ist Flexibilität (eine Fähigkeit) zweifellos hilfreich. Nachdem dies aber bei maximal 10 bis 20 Prozent der Kundenbesuche vorkommt, rechnet sich die Vorbereitung unzweifelhaft.

4. „Im Prinzip wollen eh alle Kunden das Gleiche"

Diese Art von Ausrede ist ebenfalls recht geläufig. Dabei werden einfach alle Kunden über einen Kamm geschoren, und der Verkäufer hat sich eine Standardargumentation und -strategie zurechtgelegt. Und auf diese braucht er sich nicht mehr vorzubereiten, weil er sie ohnehin beherrscht. Es ist auf jedem Fall gut und erfreulich, wenn wir eine erfolgreiche Strategie haben. Aber wir haben es bei den verschiedenen Kunden mit unterschiedlichen Menschen zu tun. Jeder Mensch ist einzigartig, und jede Kundensituation unterscheidet sich (zumindest in Details) von der anderen. Daher heißt es auch hier: Ohne Vorbereitung geht ein Profi nicht zum Kunden!

Was kostet ein Außendienstbesuch?

Wenn Sie diese Frage am Beginn des Kapitels bereits für sich zufrieden stellend beantworten konnten, können Sie dieses Thema getrost überspringen. Wenn Sie selbst als Führungskraft Verkäufer führen oder selbst als Verkäufer andere Verkäufer einschulen, begleiten und coachen, dann stellen Sie bitte sicher, dass auch diese wissen, was es kostet, wenn sie zum Kunden fahren.

Für alle anderen und die Neugierigen unter Ihnen gibt es eine Modellrechnung, bei der Sie leicht selbst die Zahlen aus Ihrer Firma eingeben können und so zu einem für Sie relevanten Ergebnis kommen:

Jahresbruttogehalt	
Gehaltsnebenkosten jährlich (Arbeitgeberbeiträge, Lohnsteuer etc.)	
Aufwendungen für Firmenpension oder sonstige über das Gehalt hinausgehende Zuwendungen jährlich	
Kosten für den Dienstwagen jährlich	
Reisespesen jährlich durchschnittlich	
Kosten für sonstige Ausstattung (Mobiltelefon, Laptop, Homeoffice etc.)	
Aufwendungen für Schulung und Weiterbildung jährlich	
Gesamtkosten pro Außendienstmitarbeiter jährlich	
Jetzt dividieren Sie diese Zahl durch die Anzahl der jährlichen Außendienstbesuche = **Kosten pro Außendienstbesuch**	

Wenn Sie diese Rechnung mit eigenen Zahlen gemacht haben, sind Sie auf ein für Sie relevantes und praxisnahes Ergebnis gekommen. Machen wir diese Kalkulation mit unseren Kunden und Seminarteilnehmern, kommen wir auf Zahlen zwischen 100 und 300 Euro (abhängig von der Kundenstruktur und der Anzahl der Besuche). Das heißt im übertragenen Sinne, dass ich als Außendienstmitarbeiter, der zu einem Kunden fährt, 100 bis 300 Euro ausgebe. Diese Ausgabe kann ich als Investition betrachten, die ich in eine mögliche oder bereits bestehende Kundenbeziehung investiere. Wenn ich als Unternehmer oder auch als Privatmann 200 Euro irgendwo investiere, dann werde ich mir überlegen, was ich dafür haben will. Was also soll der „Return on Investment“ (ROI) dafür sein?

Die wenigsten von uns sind in der Lage, 200 Euro einfach zum Fenster hinauszuschmeißen oder irgendeinem Passanten in die Hand zu drücken, der sie nach ein paar Cent fragt. Leider gehen manche von uns aber so mit der Vorbereitung der Kundenbesuche um. Da wird „einfach mal schell vorbeigeschaut“ oder „ohne sich groß vorzubereiten“ ein Gespräch mit einem Kunden geführt etc. Bedenken wir immer, wie wir unser Geld investieren. Die wenigsten von uns haben genügend Zeit, alle Kunden so oft sie wollen zu besuchen. Daher macht es sehr wohl Sinn, sich zu überlegen: Zu welchem Kunden gehe ich mit welchen Vorstellungen und Zielen?

Rechenhausaufgaben

Nachdem wir uns ja in erster Linie mit Kundenbesuchen zum Thema Preisverhandlungen beschäftigen (die anderen verkäuferischen Aspekte fließen natürlich ständig ein), ist es bei der Vorbereitung auf ein Preisgespräch gut und wichtig, dass wir uns nicht nur die Preise und Kalkulationen ansehen, sondern auch diverse Varianten im Vorhinein bereits durchrechnen. Es macht einfach einen viel professionelleren Eindruck, wenn ich beim Kunden die 2 Prozent Nachlass, die er bekommt, nicht lange mühsam ausrechnen muss, sondern einfach so hinschreiben kann. Dazu gehört auch, dass wir uns die unterschiedlichen Varianten der Prozentrechnungen und die unterschiedlichen Kosten von Drauf- und Dreingaben und Naturalrabatten vorher gut überlegen. Die verschiedenen Arten der Prozentrechnerei haben wir auch im siebenten Kapitel (Preisfindung) bereits besprochen.

Mentale Vorbereitung

Dazu ein Praxisbeispiel: Ein befreundeter Unternehmer hat sich mit Expansionsplänen für seine Firma beschäftigt. Das dafür notwendige Kapital wollte er bei Banken ausleihen. Mein Freund war noch nicht so lange im Geschäft und hatte für die Kreditaufnahme wenig „Sicherheiten" vorzuweisen. Vor einem wichtigen Gespräch mit dem Banker erzählte mir mein Freund, dass ihm dieser unsympathisch sei und er sich schwer tue.

Meine Empfehlung lautete: Er soll sich geistig den Banker mit zwei großen Papiertüten voller Bargeld vorstellen, wie dieser zur Tür hereinkommt und etwas unbeholfen damit umgeht, weil er nicht recht weiß, wie er ihm das Geld übergeben soll. Mein Kollege hat herzlich gelacht und war dann gegenüber diesem Menschen viel weniger voreingenommen. Das Gespräch ist dann auch erstaunlich gut gelaufen.

Mit dieser kleinen Praxisgeschichte will ich sagen, dass es bei der mentalen Vorbereitung ganz besonders darauf ankommt, positiv auf die Gesprächspartner eingestellt zu sein. Wenn ich der Meinung bin, dass mein Kunde oder Gesprächspartner ein schlechter, unangenehmer oder wie auch immer negativ behafteter Zeitgenosse ist, dann wird sich dieser auch entsprechend verhalten. Natürlich gibt es Menschen, die so oder so sind. Und manche Verhaltensweisen sind uns sympathischer als andere. Manche stoßen uns geradezu ab oder sind uns zuwider. Dabei hilft, was einer meiner Lehrer (Mag. Peter Schütz) mir beigebracht hat:

„Menschen sind nicht aus böser Absicht so, wie sie sind!"

Das heißt, selbst wenn der Kunde so tut, als wäre er überheblich, arrogant, uninteressiert etc., hat das in den seltensten Fällen damit zu tun, dass er mich als Verkäufer damit ärgern oder mir etwas zuleide tun will. Meistens steckt etwas anderes dahinter. Vielleicht steckt hinter der vermeintlichen Arroganz Unsicherheit und Angst, hinter der Überheblichkeit die Befürchtung, als dumm zu gelten, und hinter dem gespielten Desinteresse die Sorge, von einem Verkäufer über den Tisch gezogen zu werden. Mit diesem Kapitel könnten wir mehrere Bücher füllen und einen Ausflug in die Entwicklungspsychologie unternehmen. Dazu fehlt uns der Raum, und das ist auch nicht das Hauptthema dieses Buches.

Wichtig ist für uns Verkäufer die Erkenntnis, dass wir unsere persönlichen Toleranzgrenzen ständig erweitern müssen. Damit entwickeln wir ein Verständnis für die Gründe hinter einem oft schrulligen Verhalten. Diese Gründe sind in den seltensten Fällen böse Absicht unserer Person gegenüber. Ganz nebenbei bemerkt, ist es ja auch eine besondere Herausforderung für Profiverkäufer, mit schwierigen Kunden gut umgehen zu können. Das heißt, wenn der Kunde uns schwierig erscheint, wird es auch anderen Verkäufern so gehen. Mit anderen Worten: Wenn wir mit so einem Kunden gut können, haben wir einen Wettbewerbsvorteil gegenüber unseren Mitbewerbern.

Also lassen wir uns nicht, wie in der Problemstellung Nr. 1 am Beginn dieses Kapitels, von anderen bereits schlecht auf einen Kunden einstellen. Vielmehr ist es wichtig, Möglichkeiten zu finden, wie es uns gelingt, diesen Menschen sympathisch oder zumindest neutral zu finden. Damit will ich nicht in Abrede stellen, dass es echte psychopathologische und neurotische Grenzfälle gibt, die es Lieferanten und Verkäufern schwer machen. Erfahrungsgemäß handelt es sich dabei um einen ganz geringen Prozentsatz.

Ob Sie solche Kunden wirklich betreuen wollen, können nur Sie selbst entscheiden. Oft ist es besser, diese Kunden auszulassen und die Zeit und Energie bei anderen „normaleren" Kunden zu investieren.

Für die mentale Vorbereitung ist es sehr gut, sich gedanklich – wie in einer Art Film – das Gespräch in der gewünschten Form und im gewünschten Verlauf vorzustellen. Das heißt, Sie setzen sich in einer ruhigen Minute hin und visualisieren in Gedanken. Dabei durchleben Sie den gewünschten Gesprächablauf. Sie hören, was der Kunde sagt, sehen wie er sich gibt und welche Mimik, Gestik und Körpersprache er verwendet. Sie hören, was Sie selbst sagen, sehen, wie es auf den Kunden wirkt. Dabei fühlen Sie vielleicht auch in Gedanken, wie Sie dort in dem Stuhl sitzen und erinnern sich vielleicht auch an einen Geruch oder Geschmack, den Sie damit verbinden. Diese Technik des mentalen Durchlebens einer gewünschten Zielsituation wird in vielen NLP-Schulen trainiert. Ich selbst und viele meiner Klienten haben damit sehr gute Erfahrungen gemacht.

Einer meiner Trainerkollegen hat den Spruch geprägt:

„Nicht jeder Kunde kann mein Freund sein, aber jeder Kunde kann mein Lehrer sein."

Das heißt, selbst wenn wir uns bei bestimmten Kunden sehr schwer tun, diese sympathisch zu finden oder gar zu mögen, so können wir doch zumindest etwas daraus lernen. Vorausgesetzt, wir gehen mit der richtigen positiven Einstellung an die Sache heran.

Die häufigsten Einwände

Der allerhäufigste Einwand in der Preisverhandlung ist natürlich, wenn der Kunde sagt:

„Das ist mir zu teuer."

Aus diesem Grund habe ich diesem besonderen Einwand das Kapitel 11 „... zu teuer!" gewidmet.

Profiverkäufer überlegen sich bei der Vorbereitung bereits, welche Einwände seitens des Kunden kommen können. Bei unseren VBC-Collegs führen wir bei der Einwandbehandlung eine Gruppenarbeit durch, bei der die Teilnehmer die häufigsten Einwände ihrer Praxis erarbeiten. Die Erfahrung von über 10.000 Trainingsteilnehmern hat ergeben, dass wir im Durchschnitt ca. 20 Standardeinwände haben (die je nach Branche und Produkt natürlich variieren). Mit nur 20 Einwänden, die wahrscheinlich über 80 Prozent meiner Gespräche abdecken (Vilfredo Pareto lässt grüßen), wirkt es geradezu töricht, wenn ich mir nicht für jeden dieser 20 Einwände eine gute Strategie zurechtlege. Wie man Einwände grundsätzlich von Vorwänden unterscheidet und mit Einwänden professionell umgeht, erfahren Sie im Kapitel 10 „Preisnennung".

Jetzt geht es aber um die ca. 20 häufigsten Einwände in Ihrer Praxis. Das heißt, nehmen Sie sich jetzt bitte zehn Minuten Zeit, vergegenwärtigen Sie sich einige Ihrer Verkaufsgespräche aus der Praxis und notieren in den folgenden Feldern die 20 häufigsten Einwände Ihrer Praxis. (Zum Beispiel: „Das muss ich mir noch mal überlegen", „Dazu benötige ich noch ein Gegenangebot", „Das muss ich noch mit meinem technischen Leiter/Einkaufsleiter besprechen" etc.). Lesen Sie erst weiter in dem Buch, wenn Sie die 20 Felder ausgefüllt haben – Sie werden sehen, es wird sich lohnen!

Meine 20 häufigsten Einwände:

1.______________________________

2.______________________________

3.______________________________

4.______________________________

5. ______________________________

6. ______________________________

7. ______________________________

8. ______________________________

9. ______________________________

10. ______________________________

11. ______________________________

12. ______________________________

13. ______________________________

14. ______________________________

15. ______________________________

16. ______________________________

17. ______________________________

18. ______________________________

19. ______________________________

20. ______________________________

Preisstrategie des Kunden

Gerade bei der Vorbereitung auf schwierige Preisverhandlungen, ist es von Vorteil, wenn wir auch das Preisniveau und die Preisstrategie unseres Kunden kennen (sofern es ein wiederverkaufendes Unternehmen ist). Wenn es sich bei unserem Kunden um einen Anbieter im Hochpreissegment handelt, wird er sich schwer tun (sofern wir gut vorbereitet sind), bei uns den Wunsch nach Billigstpreisen zu argumentieren. Wir können auf jeden Fall darauf hinweisen, dass ja auch er hochwertige und höherpreisige Produkte verkauft und es sich daher gar nicht „leisten" kann, von Billiglieferanten zu beziehen.

Es ist also gut zu wissen, welche Kunden hat unser Kunde und zu welchen Preisen kaufen die Kundeskunden jeweils ein.

In dem Zusammenhang kann es auch von Vorteil sein, die Kalkulation und den Anteil der eigenen Produkte und Leistungen für das Endprodukt des Kunden zu kennen. Das gilt natürlich wiederum nur im Fall eines Business-to-Business-Geschäftes (bei dem der Kunde ein wiederverkaufendes Unternehmen ist).

Wenn also unser Produkt (zum Beispiel Schmiermittel für die Produktion) und dessen Kostenanteil nur 0,05 Prozent der Gesamtproduktionskosten pro Stück oder Einheit beim Kunden ausmacht, können wir auf die Hebelkräfte zu unseren Gunsten verweisen. Das heißt in der Praxis, dass der kluge Schmiermittelverkäufer seinen Mehrpreis gegenüber den Mitbewerbern mit der höheren Qualität und Zuverlässigkeit oder Liefertreue argumentieren kann, und die marginalen Mehrkosten (bei diesem Verhältnis geradezu lächerlich) mit dem hohen Zusatznutzen der Lieferzuverlässigkeit. (Was kostet den Kunden ein Produktionsausfall von mehreren Tagen, weil das schlechtere Schmiermittel die Anlage lahm gelegt hat?)

Wie viel Aufwand ist gerechtfertigt?

In diesem Kapitel habe ich mehrmals erwähnt, dass professionelle Verkäufer nicht ohne Vorbereitung zu Kunden gehen. Das heißt aber nicht, dass wir in jedem Fall denselben Aufwand betreiben.

Es kann Kundenbesuche geben, wo es im Minimalfall reicht, noch kurz das bevorstehende Gespräch im Geiste durchzugehen und mit einer Checkliste zu vergleichen. Dabei machen wir uns einige stichwortartige Notizen auf einem Zettel. Das dauert alles in allem keine Minute und stellt das absolute Minimum dar.

Andererseits haben Sie eventuell für ein wichtiges Projekt, für das Sie schon viel Vorarbeit geleistet haben, endlich die Chance, vor dem versammelten Entscheidungsgremium des Kunden eine kurze Präsentation des eigenen Projektangebots zu machen. Mit dieser Vorbereitung werden Sie durchaus mehrere Stunden verbringen, vielleicht eine spezielle Powerpoint-Präsentation erstellen oder umbauen und sich eventuell noch von einem Kollegen oder Vorgesetzten bei der Vorbereitung coachen lassen.

Sie sehen, die Bandbreite ist groß (von einer Minute bis zu mehreren Stunden), aber – um es ein letztes Mal zu sagen – ohne Vorbereitung geht ein Profi nicht zum Kunden!

Wann ist die beste Zeit zur Vorbereitung?

Idealerweise bereiten wir den nächsten Besuch beim Kunden unmittelbar nach dem Gespräch vor. Jetzt ist die Erinnerung noch ganz frisch, und Sie machen einige Notizen dazu in Ihrer Kundenkartei oder in Ihrem CRM-System (digitale Kundendatei). Damit haben Sie die wichtigste Arbeit schon geleistet, und es genügt, diese Notizen unmittelbar vor dem nächsten Gespräch herauszunehmen, durchzulesen und gegebenenfalls zu ergänzen.

Checkliste Besuchsvorbereitung

Um wiederkehrende Aufgaben möglichst effizient und zeitsparend zu erledigen, hat sich in vielen Berufssparten die Verwendung von Checklisten durchgesetzt. Von Piloten über Mediziner bis zu Musikern wird diese Methode erfolgreich eingesetzt. Daher hier die Checkliste für Ihre Besuchsvorbereitung (speziell auf Preisgespräche abgestimmt). Sie finden übrigens auch eine Kopiervorlage im Anhang auf Seite 198 f.

1. Wer ist mein Kunde (Persönliches)?

a) Was weiß ich über den Menschen?
b) Welche Nutzenerwartung hat der Gesprächspartner?

2. Infos über das Unternehmen (die Institution) des Kunden:

a) Wichtige Produkte/Lösungen?
b) Wichtige Kundeskunden?
c) Preisniveau?
d) Kostenstruktur, Ertragslage?
e) Image in der Branche?
f) Fürsprecher?
g) Abnahmepotential?

3. Historie:

a) Jetziger Lieferant? Jetzige Konditionen?
b) Bedarf? Abnahmemengen?

4. Aktuelles Projekt:

a) Welche Unterlagen?
b) Kalkulationen?
c) Preis-/Wert-Argumente?
d) Welche Einwände könnten kommen?

5. Lust auf Erfolg (Abenteuer):

a) Ziel?
b) Alternativziel?

Diese Checklisten bekommen Sie auch gratis als digitale Kopiervorlage auf unserer Homepage unter **www.vbc.biz**.

Zum Abschluss dieses Kapitels

Mittlerweile können Sie die drei Fragen vom Beginn dieses Kapitels leicht beantworten (für die dritte Frage gilt, dass wir die Einwandbehandlung erst im zehnten Kapitel im Detail besprechen). Die Lösung der drei Problemstellungen bereitet Ihnen spätestens jetzt keine Schwierigkeiten mehr. Sie können die Antworten verschiedener Leser auf unserer Homepage (**www.vbc.biz**) nachlesen und selbst Ihre Meinung dazu kundtun.

Hier nochmals zusammenfassend die sieben Praxistipps zur Vorbereitung:

1. Bereiten Sie bereits nach jedem Gespräch den nächsten Termin schriftlich vor.
2. Erinnern Sie sich daran, was so ein Kundenbesuch kostet.
3. Machen Sie Berechnungen und Kalkulationen bevor Sie zum Kunden gehen.
4. Bereiten Sie sich mental vor und machen Sie sich ein positives Bild von den Menschen, auf die Sie treffen werden.
5. Überlegen Sie sich, welche Einwände kommen könnten und wie Sie damit umgehen werden.
6. Beachten Sie auch die Preisstrategie Ihres Kunden.
7. Arbeiten Sie immer mit Checklisten.

9 Psychologie der Preisverhandlung

Raus aus der Angstfalle

Können Sie diese drei Fragen beantworten?

1. Welche Ursachen hat die „Angstfalle“ (viele Verkäufer zeigen Unsicherheiten, wenn es im Verkaufsgespräch um den Preis geht)?

2. Woran erkennt der Kunde im Rahmen einer Preisverhandlung, dass er jetzt den bestmöglichen Preis erreicht hat?

3. Darf man dem Kunden gegenüber seinen eigenen Gewinn zugeben?

Können Sie die folgenden drei Probleme lösen?

1. Ein Verkaufsleiter hat in seinem Team einen engagierten, talentierten Verkäufer. Dieser ist seit zwei Jahren im Unternehmen, und die Umsätze entwickeln sich gut. Die Schulung des Verkäufers hat der Verkaufsleiter selbst übernommen. In den ersten Monaten ist er mit dem „Juniorverkäufer" zu den Kunden gereist und hat ihn in die Aufgaben „gecoacht". Auch heute noch (nach zwei Jahren) bittet der Verkäufer seinen Chef immer, bei „schwierigen" Preisverhandlungen mitzugehen.
   Das sei, so argumentiert der Verkäufer seinem Chef gegenüber, aus zwei Gründen gut: Erstens geht es ja bei den Geschäften um wichtige Erträge für das Unternehmen, und zweitens kann der Verkaufsleiter, aufgrund seiner Entscheidungsbefugnis, Rabatt- und Nachlasszusagen direkt vor Ort machen. Der Verkaufsleiter hat aber zunehmend weniger Zeit, um bei allen Preisverhandlungen mitzugehen. Was empfehlen Sie dem Verkaufsleiter und seinem Mitarbeiter?

2. Sandra Burger ist Anzeigenverkäuferin bei einem renommierten Lifestyle-Magazin. Zu ihren Kunden gehören große Werbeagenturen, exklusive Modelabels, Uhren-, Schmuck- und Kosmetikanbieter. Bei ihren Verkaufsgesprächen wird sie oft damit konfrontiert, dass andere, ähnlich gelagerte Magazine mitunter bis zu 50 Prozent billigere Anzeigentarife haben. Frau Burger ist „ehrlich gesagt“ selbst der Meinung, dass die Preise im eigenen Haus etwas überzogen sind. Was würden Sie ihr raten?

3. Helmut Lüdtke ist Key-Account-Manager bei einem international tätigen Unternehmen für Verschlusssysteme. Das Unternehmen beliefert Hersteller in den unterschiedlichsten Branchen mit Türgriffen und Verriegelungen im weitesten Sinne. Kunden sind unter anderem die Autoindustrie, Hersteller von Schienenfahrzeugen, Schaltschränken etc. Diese Kunden kaufen die Türgriffe und Schlösser, um bei ihren Fahrzeugen, Kabinen, Schränken etc. die Türen auf- und zumachen und verriegeln zu können.
Lüdtke sitzt mit dem Einkaufsleiter eines Kranherstellers zusammen. Der Bedarf und die Fakten sind geklärt, und unser Verkäufer erklärt sein Angebot. Der Kunde meint: „Eure Firma macht ohnehin schon genügend Gewinne. Bei uns müsst ihr euch etwas bescheiden, um ins Geschäft zu kommen.“ Wie würden Sie als Verkäufer hier weiter vorgehen?

Die Angstfalle

Bis wir in einem professionellen Verkaufsgespräch auf den Preis kommen, haben wir meistens schon einiges an Arbeit investiert. Zuerst haben wir uns um einen Termin bemüht. Dann haben wir uns auf diesen Termin gut vorbereitet. Beim Gespräch haben wir nach dem ersten Beziehungsaufbau eine ausführliche Bedarfserhebung gemacht. Möglicherweise ist es auch schon der zweite oder x-te Termin, bei dem es dann in der Abschlussphase um den Preis geht. Genau an der Stelle geht es vielen von uns wie dem sprichwörtlichen Tormann beim Elfmeter. Die ganze Aufmerksamkeit richtet sich auf diese entscheidende Phase. Wenn jetzt etwas schief läuft, so glauben viele, dann war die ganze Vorarbeit umsonst. Gepaart mit den eigenen Erwartungen und dem Erfolgsdruck, bekommen viele in diesem Moment ein ungutes Gefühl, werden unsicher und haben Angst. Die Sorge um das Geschäft ist berechtigt. Wenn wir jetzt unsicher werden (Angst bekommen), sitzen wir in der Falle – der Angstfalle.

Der Kunde spürt das Unbehagen und bekommt seinerseits den Eindruck, dass das wohl am Preis liegen muss. Manche Kunden oder Einkäufer legen es auch bewusst darauf an, Verkäufer in dieser Situation unter „psychologischen" Druck zu setzen, um die bestmöglichen Bedingungen und Konditionen herauszuhandeln.

Psychologie der Angst

Die Psychologen erklären uns Angst unter anderem als eine Schutzfunktion unseres Unterbewusstseins. Angst soll uns vor Schaden bewahren. Das ist eine gute und für unser individuelles Überleben wichtige Einrichtung. Das Unterbewusstsein bezieht sich dabei auf frühere Erlebnisse und „Prägungen" seit den ersten Lebenstagen. Um seiner Angst zu trotzen, bedarf es Mut. Mut ist also der Gegenspieler der Angst. Mutig ist nur derjenige, der die Gefahr kennt und auch seine Angst erlebt. Jemand, der die Gefahren einer Situation überhaupt nicht abschätzen kann und daher keine Angst hat, ist nicht mutig, sondern unerfahren oder dumm. In einer unübersichtlichen Kurve zum Überholen anzusetzen, ist also nicht mutig, sondern unerfahren und dumm.

Viktor Frankl, der berühmte österreichischer Neurologe und Psychiater, hat uns ein schönes Bespiel hinterlassen: Frankl litt unter ziemlicher Höhenangst (eine Schutzfunktion des Unterbewusstseins, das auf frühere Angsterlebnisse zurückzuführen ist). Im fortgeschrittenen Alter hat der berühmte Psychologe viele

Bergtouren unternommen. Darauf angesprochen, wie er seine Höhenangst mit dem Bergsteigen vereinbaren könne, meinte Frankl lakonisch:

> **„Man muss sich ja von seinem Unterbewusstsein nicht alles gefallen lassen."**

Er ist dem Thema also mit Mut begegnet.

Kommen wir zurück zur Preisverhandlung. Es ist durchaus legitim und berechtigt, dass wir als Verkäufer uns um den erfolgreichen Verkaufsabschluss sorgen. Angst jedoch ist eine übertriebene Reaktion unseres Unterbewusstseins. Wie wir aus dieser Angstfalle herauskommen, besprechen wir etwas später in diesem Kapitel. Machen wir vorher noch etwas Ursachenforschung und analysieren genauer, wie wir in diese Angstfalle hineinkommen und was sie begünstigt.

Ursachen der Angstfalle

Dabei unterscheiden wir grundsätzlich zwischen „inneren" und „äußeren" Ursachen.

Innere Ursachen

Mit innere Ursachen meine ich jene, die wir als Verkäufer mit uns selbst herumschleppen. Dabei stoßen wir zuallererst einmal auf die **„Angst vor dem Nein"** des Kunden. Darüber habe ich am Beginn des Kapitels schon etwas philosophiert. Es geht also um die Angst des Tormanns beim Elfmeter. Wobei diese Angst bei näherer Betrachtung ihren Schrecken recht schnell verliert. Fälschlicherweise gehen wir davon aus, dass ein mögliches Nein des Kunden etwas Endgültiges ist und unsere ganze Arbeit zunichte macht. Doch wir Verkäufer wissen: Erstens kann ein Nein auch revidiert werden und zweitens können wir nicht „jedes" Geschäft machen. Wenn wir wirklich „jedes" Geschäft machen könnten, wären wir bald Monopolist und hätten ein anderes Problem. Damit will ich nicht sagen, dass wir leichtfertig und vorzeitig im Verkaufsgespräch aufgeben sollen, aber „Angst" vor einem Nein ist übertrieben.

Als zweite innere Ursache finden wir oft eine **zu starke Identifikation des Verkäufers mit den Argumenten des Kunden.** Dabei treffen wir auf eine nahezu schizoide Anforderung: Einerseits sollen wir uns als Verkäufer mit unseren Kunden identifizieren, das Problem durch ihre Augen sehen und uns in ihre Schuhe versetzen („walk in your customers shoes"). Das ist grundsätzlich richtig. Andererseits ist bei der Preisverhandlung eine zu starke Identifikation mit den Argumenten des Kunden hinderlich.

Bei manchen Geschäften und Verkäufern ist es auch **eine gewisse Angst vor zu großen Zahlen.** Was meine ich damit? Wenn jemand sehr teure Investitionsgüter für mehrere Hunderttausend oder Millionen verkauft, sind wir von diesen Zahlen oft zu sehr beeindruckt. Ein Kunde, der mir (Verkäufer) erzählt, dass er bei unserer Lösung 350.000 Euro mehr bezahlen muss, trifft mich vielleicht an einem wunden Punkt. Möglicherweise habe ich selbst noch nie so viel Geld in der Hand gehabt und das einzige Mal in meinem Leben, als ich privat mit so einer Summe hantierte, war beim Kauf meiner Eigentumswohnung oder meines Hauses. Obendrein muss ich nun 20 Jahre dafür Kredite zurückzahlen. Hier ist es für den verkäuferischen Seelenfrieden wichtig, die Proportionen wieder zurechtzurücken. Nicht die Summe, die der Kunde mehr investiert, ist maßgeblich, sondern der Nutzen und die Wertschöpfung, die er daraus generiert.

Äußere Ursachen der Angstfalle

Neben den vorher beschriebenen inneren Ursachen, gibt es auch Umstände und Situationen, die von außen an uns herangetragen werden und uns in diesen „Angstfallendruck" bringen.

Die häufigste Ursache ist der **Druck, den mein Kunde in der Preisverhandlung auf mich ausübt.** Manche Kunden und Einkäufer sind regelrechte Meister darin, Verkäufer unter Druck zu setzen. Jedoch gelingt das nur, so weit ich mich als Verkäufer auch unter Druck setzen lasse. Eine andere Ursache könnte darin bestehen, dass unser **Hauptmitbewerber mit Dumpingaktionen** (Tiefstpreisangeboten) arbeitet. Das macht natürlich Unruhe, und als Verkäufer sind wir dann besonders gefordert. Aber auch hier ist Angst keine adäquate Reaktion.

In den letzten Jahren ist ganz generell **„Handeln" wieder modern geworden.** Es ist sozusagen absolut salonfähig, zu handeln – auch in Situationen, wo das früher nicht der Fall war. Es gibt Tiefstpreisgarantien, Internetsuchmaschinen, die den besten Preis ausfindig machen, und diverse Zeitgeistmagazine erklären uns, wo wir die besten „Schnäppchen" ergattern können. Diese generelle Tendenz hat natürlich auch ihre Auswirkungen auf die verschiedenen Verkaufssituationen. Darauf aus verkäuferischer Sicht mit Angst zu reagieren, ist dennoch nicht angebracht.

Wege aus der Angstfalle

Nach der intensiven Ursachenforschung geht es jetzt um Auswege aus dieser Angstfalle oder wie ich als Verkäufer erst gar nicht hineinkomme. Dazu im Folgenden **sechs Tipps für Wege aus der Angstfalle:**

1. Vorbereitung
2. Begeisterung für das eigene Produkt
3. Erfolgstagebuch führen
4. Fankunden anrufen
5. Eigene Preisakzeptanz fördern
6. Positive Einstellung zum Gewinn

1. Professionelle Vorbereitung

In der Praxis liegt hier einer der größten Erfolgshebel für Verkaufsgespräche im Allgemeinen und für Preisverhandlung im Besonderen. Daher habe ich diesem Thema auch ein ganzes Kapitel gewidmet (siehe Kapitel 8 „Vorbereitung“).

2. Begeisterung für die eigene Lösung

Langfristig erfolgreiche Verkäufer zeichnen sich unter anderem dadurch aus, dass sie sich für ihr eigenes Produkt oder ihre eigene Dienstleistung nachhaltig begeistern können. Oftmals geht nach einer gewissen Routine diese Begeisterung verloren. Das ist meist auch auf eine gefährliche Wahrnehmungsverschiebung im Verkaufsalltag zurückzuführen. Was meine ich damit?

Angenommen, ein Verkäufer hat in seinem Gebiet 200 Kunden. Bei 5 Prozent der Kunden (= zehn Stück) gibt es immer wieder kleinere und größere Probleme. Einmal passt die Lieferung nicht, dann der Liefertermin, dann hat es einen Irrtum bei der Auftragserfassung gegeben und die falschen Sachen wurden geliefert, in der Fakturierung unterlief ein Fehler, der Kunde bekam zu Unrecht eine Mahnung, beim Kunden kam es durch unsachgemäße Handhabung zu Problemen etc. etc. Wie es der Teufel oder der Zufall will, sind es obendrein oft dieselben zehn Kunden, bei denen die Probleme entstehen. In der Wahrnehmung des Verkäufers kann jetzt Folgendes passieren: In seiner alltäglichen Arbeit wird er öfter von einem der zehn Problemkunden kontaktiert und muss „Feuerwehreinsätze“ vornehmen, um die Probleme zu lösen. Das belastet den Verkäufer.

Die anderen 190 Kunden, die sehr zufrieden sind, rufen hingegen „nicht“ an. Sie rufen also nicht an und sagen zum Beispiel: „Lieber Verkäufer, wir wollten uns nur noch einmal bei Ihnen bedanken, weil alles so gut läuft, und Ihnen sagen, wie zufrieden wir mit Ihren Produkten sind.“ Das tun die Leute in den seltensten Fällen, weil sie einen reibungslosen Ablauf für selbstverständlich erachten. Das heißt, der Verkäufer bekommt ständig negatives Feedback von den unzufriedenen Kunden und dann erfolgt die Wahrnehmungsverschiebung. Irgendwann glaubt er, dass es bei ihm nur noch Probleme gibt, weil die meisten Kundenanrufe mit Problemfällen zu tun haben.

Um nicht in diese Falle zu tappen, ist es wichtig, sich regelmäßig in Erinnerung zu rufen, wie viele zufriedene Kunden man hat und welchen Nutzen man bei seinen Kunden schon gestiftet hat. Das heißt, das Feuer der eigenen Begeisterung muss auch aktiv in Gang gehalten werden.

3. Erfolgstagebuch führen

Oft hängt die eigene Preisakzeptanz mit dem eigenen Selbstwertgefühl zusammen. Jemand mit einem schwachen Selbstwertgefühl neigt dazu, die eigene Leistung niedrig zu bewerten. Eine sehr erfolgreiche Methode, um das eigene Selbstwertgefühl zu steigern, ist die Führung eines so genannten „Erfolgstagebuches“. Das heißt, Sie führen ein Tagebuch, in dem Sie jeden Tag drei bis fünf kleine oder größere Erfolge aufzeichnen. Sie lassen die Misserfolge in diesem Fall bewusst weg.

Dabei muss nicht unbedingt nur ein „Verkaufsabschluss“ als Erfolg gelten. Nehmen Sie auch Erfolge aus dem Privatleben dazu. Mit der Führung eines solchen Erfolgstagebuches vollziehen Sie eine bewusst selektive Wahrnehmungsverschiebung auf die positiven Dinge. Probieren Sie es aus! Am besten gleich heute beginnen.

Wichtig dabei ist, dass Sie es täglich führen und mindestens drei bis fünf kleine oder größere Erfolgserlebnisse des Tages festhalten. Wenn Sie das mindestens drei Monate am Stück konsequent täglich machen, werden Sie eine spürbare Erfolgssteigerung haben. Noch mehr dazu erfahren Sie im Buch „Selbstmotivation. Wer wird mich heute motivieren?“ von Niklas Tripolt (siehe Seite 205).

4. Fankunden anrufen

Rufen Sie Fankunden an! Das sind solche Kunden, mit denen Sie ein persönliches und freundschaftliches Verhältnis pflegen. Selbst wenn Sie kein besonderes Anliegen haben, können Sie diese anrufen und bekommen von diesem Fankunden das Gefühl vermittelt: „Schön, dass du anrufst, ich freue mich, mit dir zu sprechen." Das stärkt das Selbstwertgefühl und immunisiert gegen die Unbilden des Verkäuferalltags.

5. Eigene Preisakzeptanz fördern

Verkäufer, die insgeheim meinen, die Preise der eigenen Firma seien ganz schön „gesalzen" oder eben hoch (siehe dazu auch die Problemstellung Nr. 2 am Kapitelanfang), neigen dazu, in der Preisverhandlung zu hohe Zugeständnisse zu machen. Hier ist ganz besonders wichtig, dass wir uns daran erinnern, welchen Nutzen wir mit unseren Produkten und Leistungen bei unserem Kunden stiften. Es geht nicht darum, wie billig oder wie teuer der Mitbewerb ist, sondern was wir zu bieten haben. Es gilt, die eigene Preisakzeptanz zu fördern.

Was neben dem Selbstwert auch die eigene Preisakzeptanz fördert, sind so genannte Kosten-Nutzen-Kalkulationen. Dabei rechnen Sie sich und Ihrem Kunden genau vor, welchen Nutzen er mit Ihrer Lösung langfristig hat.

6. Positive Einstellung zum Gewinn

Werden wir von unserem Kunden auf unseren ohnehin schon hohen Gewinn angesprochen (siehe auch die Problemstellung Nr. 3 am Kapitelanfang), sollten wir mit gutem Selbstbewusstsein und dem größten Selbstverständnis bejahen. Und wir sollten unserem Kunden auch noch erklären, warum es gut für **ihn** ist, dass wir Gewinne machen. Einige Gründe, warum Lieferantengewinn gut für den Kunden ist:

- **Zukünftiger Service:** Nur Firmen, die auch einen Gewinn machen, können in Zukunft einen professionellen Service sicherstellen.
- **Produktentwicklung:** Nur Firmen, die Gewinne machen, können es sich leisten, Produkte zu entwickeln und zu testen. Unternehmen, die schon aus dem letzten Loch pfeifen, müssen bei Neuentwicklungen schnell Umsätze generieren. Dabei kommen die Produkte zu früh und unausgereift auf den Markt, was fatale Folgen haben kann.
- **Produktweiterentwicklung:** Firmen, die Gewinne machen, können es sich leisten, Produkte weiterzuentwickeln, damit die Kunden immer Produkte auf dem neuesten Stand der Technik erhalten.

- **Forschung und Entwicklung auf höchstem Niveau:** Firmen, die gesunde Gewinne schreiben, können es sich leisten, Grundsatzforschung und Entwicklung zu betreiben. Das kommt mittelfristig dem Kunden wieder durch neue Innovationen zugute.
- **Mitarbeiterqualifikation:** Firmen, die Gewinne machen, können es sich auch leisten, gute Mitarbeiter zu halten und in deren Weiterbildung zu investieren. Davon profitiert der Kunde direkt oder indirekt.
- **Hoher Wiederverkaufswert:** Investitionsgüter von erfolgreichen und ertragreichen Firmen haben meist einen höheren Wiederverkaufswert. Das nützt dem Kunden ebenfalls.

Etwas pointiert könnte man auch sagen:

Wer keine Gewinne macht, hat bald nichts mehr zu verlieren.

An dieser Stelle möchte ich auf meinen Vergleich zwischen dem Gewinn eines Unternehmens und der Gesundheit des Menschen am Beginn des sechsten Kapitels verweisen.

Kunde will Erfolgserlebnis

In der Preisverhandlung geht es in erster Linie nicht darum, wie viel Prozent und Euro wir Nachlass geben. Ausschlaggebend ist die psychologische Ebene. Der Kunde muss das Gefühl bekommen, gut gehandelt zu haben. Gute Verkäufer geben ihren Kunden dieses Gefühl. Dabei möchte ich an das Beispiel aus dem dritten Kapitel mit dem Autoverkäufer erinnern. Hier hat mir der Autoverkäufer ohne großes Federlesen ein Angebot ausgedruckt, bei dem 8 Prozent Rabatt abgezogen wurden. Als Kunde hatte ich das Gefühl: „Das ging zu leicht." Mit anderen Worten, wenn ohne nachzufragen 8 Prozent angeboten werden, dann muss doch noch mehr herauszuholen sein. Als Verkäufer muss es uns also gelingen, unserem Kunden das Gefühl zu geben, dass er den bestmöglichen Preis bekommten hat und ein guter Verhandler ist.

Folgende beispielhafte Aussagen sind je nach Situation dazu geeignet, dieses Gefühl zu fördern oder herbeizuführen:

- „Lieber Herr Kunde, ich weiß, Sie sind ein knallharter, aber fairer Verhandler. Seien Sie versichert, dass dies der bestmögliche Preis ist."

- „Lieber Kunde, das hier vorliegende Angebot ist einzigartig. Daher benötigen wir von Ihnen eine Garantie, dass diese Preise nicht nach außen dringen. Wir müssen also eine Geheimhaltungsklausel in unsere schriftliche Vereinbarung hineinnehmen. Diese Klausel beinhaltet eine Pönale, die unseren Schaden mindern soll, falls irgendjemand aus Ihrem Unternehmen diese Sonderpreise publik macht."

Zum leichteren Verständnis noch folgendes Szenario:

Angenommen, Sie haben schon viele Jahre auf ein für Sie sehr attraktives Luxusgut gespart. Zum Beispiel ein tolles Auto, ein besonderes Schmuckstück, ein Kunstwerk oder eine besondere Armbanduhr.

Sie haben sich als Belohnung für das Erreichen eines besonderen Zieles eine sehr edle Uhr einer Schweizer oder deutschen Manufaktur „gegönnt". Sie treffen einen Bekannten, der Sie darauf anspricht. Nicht ganz ohne Stolz zeigen Sie ihm Ihre Errungenschaft. Er fragt Sie nun: „Was hast du denn dafür bezahlt?" Sie antworten: „Der Listenpreis war 6400 Euro, aber ich kenne den Juwelier und habe 11 Prozent Rabatt bekommen." Daraufhin sagt Ihr Bekannter: „Schade. Hättest du mich gefragt, ich kenne einen Juwelier, der gibt dir 25 Prozent." Solche Situationen hassen wir! Dieser Spielverderber macht uns die Freude kaputt. Genau diese Situation fürchtet der Kunde.

Es geht also nicht darum, wie viel Prozent oder Euro oder Franken wir Nachlass geben. Es geht um das Gefühl, den bestmöglichen Preis lukriert zu haben. Der Kunde weiß erst dann, dass der Preis der beste ist, wenn wir als Verkäufer es ihm sagen.

Zum Abschluss dieses Kapitels

Mittlerweile können Sie die drei Fragen vom Beginn dieses Kapitels leicht beantworten. Die Lösung der drei Problemstellungen bereitet Ihnen spätestens jetzt keine Schwierigkeiten mehr. Sie können die Antworten verschiedener Leser auf unserer Homepage (**www.vbc.biz**) nachlesen und selbst Ihre Meinung dazu kundtun.

10 Preisnennung

Wie verpacke ich meinen Preis attraktiv und sexy?

Können Sie diese drei Fragen beantworten?

1. Macht es Sinn, seinen Kunden nach seiner Preisvorstellung zu fragen?

2. Kann man den Kundenwunsch nach Preisnennung ignorieren?

3. Gibt es einen idealen Zeitpunkt für die Nennung des Preises? Und wenn ja, welchen?

Können Sie die folgenden drei Probleme lösen?

1. Katja Haas ist selbständige Immobilienmaklerin. Sie hat einem Ärzteehepaar, das sie mit der Suche nach einem Eigenheim betraute, ein nettes Haus in grüner Ruhelage angeboten. Das Ehepaar hat das Haus bereits zweimal (einmal davon mit eigenem Architekten) besichtigt und beim zweiten Termin ein mündliches Preisangebot gemacht. Frau Haas hat inzwischen mit dem Verkäufer verhandelt, und der Verkäufer ist unter zwei kleinen Bedingungen auf das Preisangebot eingegangen. Nun sitzt unsere Immobilienmaklerin mit dem Ärzteehepaar zusammen und hat ein schriftliches Kaufangebot zur Unterschrift vorgelegt. Die Interessenten wollen jetzt noch nicht unterschreiben und sagen: „Wir müssen die Sache noch einmal mit unserem Finanzierungsberater besprechen."
   Handelt es sich um hierbei um einen Einwand oder Vorwand? Was würden Sie der Immobilienmaklerin jetzt empfehlen?

2. Dr. Wolfgang Berndt ist Rechtsanwalt und spezialisiert auf Vergaberecht. Ein hoher Beamter aus der Stadtplanungsabteilung benötigt von ihm rechtliche Beratung für die Ausschreibung eines kommunalen Neubaus. Der Beamte eröffnet unserem Rechtsanwalt zu Beginn des Gesprächs, dass er zuerst wissen möchte, welche Honorare der Anwalt für diesen Auftrag verrechnen würde, wenn er ihn bekäme.
Was würden Sie aus verkäuferischer Sicht unserem Anwalt raten?

3. Angenommen, Sie sind Tischlermeister und haben eine gut gehende Tischlerei in einer ländlichen Gegend. Ein Kunde kommt zu Ihnen und zeigt Ihnen den Plan und das Angebot eines anderen Tischlers für einen kompletten Schlafzimmereinbau mit detaillierter Beschreibung. Der Kunde eröffnet Ihnen klipp und klar, dass er einfach nur einen besseren Preis haben will, und Sie sollen sich den Plan ansehen und ihn nur dann kontaktieren, wenn Sie den Preis unterbieten können. Wie würden Sie vorgehen?

Zu Beginn ein schlechtes Beispiel aus meiner Praxis:
Vor einigen Jahren saß ich mit dem Verkaufsleiter und der Personalleiterin eines großen Speditionsunternehmens zusammen. Zirka eine Stunde lang hatte ich intensiv Bedarf erhoben und eine gute Beziehung zu meinen beiden Gesprächspartnern aufgebaut. Auch der Verkaufsleiter, der sich zu Anfang des Gesprächs sehr zurückhaltend gab, war mittlerweile mit steigender Begeisterung am Schwärmen, welche tollen Trainings wir für seine Verkaufsteams machen könnten. Schließlich fragte er mich so nebenbei, was das denn eigentlich kostet.

Das Gespräch lief mittlerweile so gut, und ich fühlte mich sehr sicher. Daher knallte ich den Preis für einen Trainingstag unverpackt auf den Tisch. Was dann geschah, hätte ich wahnsinnig gerne auf Video festgehalten. Selten zuvor hatte ich so ein schönes Beispiel für massive körpersprachliche Signale erlebt. Der Kunde verfiel in eine Art Alltagstrance, umschlang seinen Oberkörper mit seinen langen, schlaksigen Armen und schüttelte ständig den Kopf. Dabei stammelte er irgendetwas von „unmöglich und unglaublich". Ich bin mit ihm damals nicht ins Geschäft gekommen.

Diese Geschichte hat sich leider wirklich zugetragen und mir selbst einmal mehr vor Augen geführt, wie wichtig die Preisnennung im Verkauf ist. Zwei Punkte sind dabei besonders wichtig: das Timing und die Verpackung. Oder anders gesagt:

Wann bringen wir unseren Preis? Und wie nennen wir unseren Preis?

Wann bringen wir den Preis?

Von diversen Ausnahmen einmal abgesehen gilt als Faustregel: Preisnennung so spät wie möglich, frühestens nach der Präsentation. Der Kunde muss auf jeden Fall vorher ein Wertverständnis aufgebaut haben. Menschen kaufen – wie schon öfter erwähnt – keine Rabatte und Nachlässe, sondern Werte und Nutzen. Ich komme also zu meinem Kunden und sage ihm sinngemäß:

„Ich habe ein tolles Produkt. Es heißt Xylamedol und kostet nur 19,90 Euro pro Flasche."

Mein Kunde weiß nicht, was Xylamedol ist, er weiß nicht, was es macht, wozu er es verwenden kann und welchen Nutzen es ihm stiftet. Er wird daher keine 20 Euro ausgeben.

In der Bedarfserhebung habe ich jedoch Folgendes herausgefunden: Mein Kunde ist Hobbykapitän und besitzt ein selbst restauriertes Segelboot. Er reinigt, schleift und streicht den Holzrumpf mit einer Spezialfarbe jedes Jahr selbst. Dafür verwendet er eine Farbe namens Hansefix für 17,50 Euro. Pro Kilogramm Farbe kann er fünf bis sechs Quadratmeter streichen. Ich habe ihm inzwischen erklärt, welchen Vorteil mein Produkt hat. Da er damit neun Quadratmeter Holz streichen kann, wird die Preisnennung einen Sinn machen.

Unser Kunde muss in seinem Kopf eine Wertvorstellung aufgebaut haben, bevor wir den Preis nennen. Besteht die Wertvorstellung und das Nutzenverständnis beim Kunden, so kann er den von uns genannten Preis in Relation dazu setzen.

Nun gibt es aber Kunden, die sich nicht an diese Spielregeln halten. Manche ungeduldige Kunden wollen sofort den Preis oder ihren Rabatt kennen, noch bevor wir ihnen das Produkt gezeigt haben. Manche geben sich sogar extra rüpelhaft und sagen Dinge wie:

„Sparen Sie sich das Lametta, was kostet mich das Ganze?"

Auch in so einem Falle empfehle ich den Profis, den Kunden noch etwas zu vertrösten.

Vertröster

Damit das Vertrösten im Preisgespräch funktioniert, sollte unsere Formulierung zwei Dinge beinhalten:

1. Ein ausgesprochenes oder zumindest angedeutetes Verständnis für den Kunden und seinen Wunsch nach Preiskenntnis
2. Einen mehr oder weniger plausiblen Grund, warum der Kunde sich noch etwas gedulden muss

Je nachdem, um welche Produkte und Leistungen es sich handelt und welches Gesprächsklima Sie bereits mit Ihrem Kunden haben, können Vertröster in etwa wie folgt klingen:

- „Ich verstehe, Herr Kunde, der Preis ist ein wichtiger Punkt. Ich komme gleich darauf zu sprechen, vorher möchte ich Ihnen noch …"
- „Mir ist klar, dass die Kosten ein wesentlicher Faktor sind. Genau da haben wir auch einige besondere Vorteile. Bevor ich darauf zu sprechen komme, benötige ich noch ein zwei Informationen …"

- „Den Preis bestimmen Sie selbst. Er hängt nämlich ganz von Ihren individuellen Anforderungen ab. Damit ich Ihnen Ihren Preis ermitteln kann, muss ich vorher noch den und den Punkt abklären …“

Im Anhang finden Sie eine Checkliste (siehe Seite 200), mit deren Hilfe Sie Ihre eigenen Vertröster entwickeln können. Nehmen Sie sich zwei, drei Minuten Zeit und notieren ein bis zwei Vertröster, die in Ihrer Praxis funktionieren werden.

Die Macht der Worte

Worte haben oft viel mehr Macht, als uns bewusst ist. Damit und davon leben ja auch andere Profikommunikatoren außer Verkäuferinnen und Verkäufer. Schriftsteller, Psychologen, Journalisten und Seelsorger sind andere Berufsgruppen, die mit Profikommunikation ihr Geld verdienen. In allen diesen Bereichen spielt das gesprochene oder geschriebene Wort eine Hauptrolle. Nicht zuletzt deshalb werden von totalitären Regimen zuallererst die regimekritischen Schriftsteller und Journalisten vertrieben oder eingesperrt. Totalitäre Führer wissen, wie gefährlich die Worte der Oppositionellen für ihren Machtanspruch sein können.

Auch im Verkauf und natürlich ganz speziell in der Preisverhandlung ist das der Fall. Wir unterscheiden zwischen „Filterworten“ und „Unterstützern“. Als Filterworte bezeichnen wir Worte und Begriffe, die beim Kunden negative Assoziationen hervorrufen können und daher für die Verkaufskommunikation schlecht geeignet sind. Das Gegenteil davon sind die Unterstützer. Hier handelt es sich um Worte, die unsere Verkaufsbemühungen eher fördern.

Nachfolgend einige Beispiele für Filterworte und Unterstützer im deutschen Sprachraum:

Filter:	Unterstützer:
Kosten/Preis	Investition/Wert
Verpflichtung	Möglichkeit
Anzahlung	Anfangsinvestition
monatliche Rate	monatliche Investitionen
kaufen	besitzen
verkauft/verkaufen	Vereinbarung
unterschreiben	Einwilligung/O. K. geben

Achtung! Hierbei handelt es sich lediglich um Beispiele, die bei einer Mehrheit der Menschen als Filter oder Unterstützer wirken. Das kann aber im Einzelfall anders sein. Zum Beispiel ist das Wort „Preis" für viele Einkäufer und Unternehmer negativ behaftet, weil sie es mit Kosten und Verlust assoziieren. Für einen Sportler kann das Wort „Preis" aber sehr positiv behaftet sein. Wir empfehlen, in der Verkaufskommunikation und Preisverhandlung – wann immer es irgendwie geht – die Worte „Preis" und „Kosten" durch „Investition" zu ersetzten.

Ein Beispiel: „Dieser Digitaldrucker kostet inklusive Installationssoftware und Verbrauchsmaterial für die ersten 10.000 Ausdrucke 438 Euro."

Stattdessen besser:

„Die Investition für diesen Digitaldrucker beträgt inklusive Installationssoftware und Verbrauchsmaterial für die ersten 10.000 Ausdrucke 438 Euro."

Wie nennen wir den Preis?

Schlechte Beispiele:

„Das zusammen kostet …"

„Der Preis beläuft sich auf ca. …"

„Lassen Sie mich mal sehen, was ich für Sie machen kann."

Um den Preis nicht völlig nackt in den Raum zu stellen (siehe dazu auch mein schlechtes Beispiel zum Kapitelanfang), haben wir bei VBC eine Preisverpackung entwickelt. Diese Preisverpackung nennen wir WWW. Die drei Buchstaben stehen aber nicht für das World Wide Web, sondern:

WWW = Was? Wie viel? Wofür?

- **Was:** Hier bringen Sie eine kurze Zusammenfassung, worum es sich handelt. (Achtung: keine Wiederholung der Präsentation, nur eine kurze Zusammenfassung!)
- **Wie viel:** Hier nennen Sie den Preis, idealerweise mit dem Wort „Investition" verbunden.
- **Wofür:** Jetzt kommt eine kurze Nutzenzusammenfassung: Welchen Nutzen/Vorteil hat der Kunde davon?

Ein Beispiel:

- **Was:** „Das Paket beinhaltet die Firmenhandys für Ihre 50 Mitarbeiter samt Freisprecheinrichtung und Internetzugang."
- **Wie viel:** „Sie investieren einmalig 48 Euro pro Endgerät und die günstigen Geschäftstarife."
- **Wofür:** „Dafür können Ihre Außendienstmitarbeiter jederzeit günstig mit Ihren Kunden kommunizieren, und Sie behalten den Kostenüberblick."

Im Anhang finden Sie auf Seite 201 eine Kopiervorlage, auf der Sie Ihre eigenen „WWW-Schleifen" machen können. Achten Sie bitte darauf, dass Sie daraus keine wissenschaftliche Arbeit machen, sondern sich kurz und prägnant halten. Die Preisnennung soll keine Wiederholung der Präsentation sein, sondern nur eine kurze, knackige Verpackung, damit der Kunde den Preis auch besser nehmen kann.

Ein weiteres Beispiel zu WWW:

- **Was:** „Es geht also um die Ausrüstung Ihrer sämtlichen Firmen-PCs mit der neuesten Virenschutz-Software."
- **Wie viel:** „Sie investieren pro PC und Monat lediglich 11,20 Euro."
- **Wofür:** „Dafür können Ihre Mitarbeiter überall ungestört mit Ihren Computern arbeiten, und Ihr Netzwerk ist bestmöglich vor Virusattacken geschützt."

Bei der Entwicklung so genannter WWW-Schleifen (die man sich übrigens schon in der Besuchsvorbereitung überlegen kann!) hat sich folgender Trick aus der Praxis bewährt: Stellen Sie sich Ihren Kunden in Gedanken kurz mit einem großen Farbdisplay über dem Kopf vor. Dieses Farbdisplay leuchtet in dem Moment auf, in dem Sie ihm gedanklich den Preis nennen. Auf dem Farbdisplay steht:

„Was bringt mir das?"

So erinnern wir uns immer daran, dass wir auch den Nutzen des Kunden in den Vordergrund stellen.

Einwände/Vorwände

Bei der Problemstellung Nr. 1 zu Beginn dieses Kapitels ging es um Einwand oder Vorwand. Nicht alles, was nach einem Einwand klingt, ist auch tatsächlich einer. Nicht jedes Argument, welches der Kunde gegen einen sofortigen Kauf ausspricht, muss unbedingt ein „echter“ Einwand sein. Wir entscheiden daher zwischen Bedingungen, Einwänden und Vorwänden.

Was sind Bedingungen?

Bedingungen sind Voraussetzungen, die unser Angebot erfüllen muss, damit ein Kunde den Kauf in Erwägung zieht. Dabei kann es sich um rechtliche oder formal-rechtliche Bedingungen, aber auch um geschmackliche und weltanschauliche handeln. Es hat wenig Sinn, die tollen Vorteile unseres neuen Lasergerätes ins Treffen zu führen, wenn unser Kunde beispielsweise ein Krankenhaus ist, bei dem der Gesetzgeber vorsieht, solche Geräte nur mit einem Prüfzertifikat zuzulassen (das wir zum Beispiel nicht haben).

Gibt es solche unverrückbaren Bedingungen (die wir nicht erfüllen können), so ist es besser, sich von diesem Kunden in diesem Zusammenhang freundlich zu verabschieden und die Zeit in lohnendere Projekte zu investieren. Bevor wir aber die Zelte abbrechen, überprüfen wir noch, ob es sich bei dieser „Bedingung“ nicht im Zweifel doch um einen „Vorwand“ handelt. Mehr dazu im übernächsten Absatz.

Was sind Einwände?

Einwände sind Argumente und Gründe, die für den Kunden noch gegen einen Kauf sprechen. Sehr oft handelt es sich dabei um fehlende Informationen, Missverständnisse und Unklarheiten. Wenn wir die Informationen nachreichen, die Missverständnisse und Unklarheiten aufklären, können wir meist auch das Geschäft abschließen.

Was sind Vorwände?

Dabei handelt es sich um vom Kunden „vorgeschobene“ Einwände. In Wirklichkeit steht ein anderer Grund hinter dieser „Wand“. Dabei ist der Unterschied zwischen Einwand und Vorwand nicht so sehr die rein sachlich-fachlich, wissenschaftlich nachprüfbare „Wahrheit“ des Kundenargumentes. Vielmehr geht es darum, ob der Kunde in dem Moment, in dem er den Einwand/Vorwand äußert, diesen selbst glaubt. Glaubt der Kunde das, was er sagt, so handelt es sich um einen Einwand. Selbst wenn er nachprüfbar oder nachweisbar unrichtig ist.

Ein Beispiel: Alexandra Grisser ist Außendienstmitarbeiterin bei einem Personalleasingunternehmen. Ihre Firma stellt also Leihpersonal, so genannte Zeitarbeitskräfte, entgeltlich zur Verfügung. Sie verhandelt schon seit längerem mit einer großen Eventagentur. Diese Agentur hat einen Auftrag zur Organisation und Abhaltung größerer Jubiläumsfeierlichkeiten erhalten. Bei den Veranstaltungen benötigt sie diverse Zeitarbeitskräfte. Das Angebot ist mehrfach diskutiert, die Preise sind auf dem Tisch, und unsere Verkäuferin möchte heute einen Abschluss machen.

Der Kunde sagt: „Ich muss die Sache noch mit meinem Steuerberater besprechen.“

Das Schwierige an der Einwand-/Vorwanderkennung ist der Umstand, dass wir es an den Worten nicht unterscheiden können. Die Formulierung „Ich muss die Sache noch mit meinem Steuerberater besprechen“ kann sowohl Einwand als auch Vorwand sein. Um einen Einwand handelt es sich, wenn der Kunde wirklich vorhat, die Sache mit seinem Steuerberater noch einmal durchzugehen. Ein Vorwand ist es, wenn der Kunde das Angebot unserer Verkäuferin zum Beispiel noch einem Mitbewerber unterbreiten will, von dem er sich einen noch besseren Preis erwartet.

Wozu überhaupt unterscheiden?

Wenn wir beim vorigen Beispiel bleiben und davon ausgehen, dass es sich um einen Vorwand handelt (der Kunde möchte in der Tat mit dem Angebot noch einen Mitbewerber im Preis drücken), wird die beste Einwandbehandlung nicht funktionieren. Wäre es nämlich ein echter Einwand, so würde unsere Verkäuferin versuchen, einen gemeinsamen Termin mit dem Steuerberater zu vereinbaren. Der Kunde würde daraufhin mit Ausflüchten und Ausreden reagieren (er wollte ja gar nicht mit dem Steuerberater reden, das war ja nur der Vorwand, und das kann er jetzt nicht zugeben). Daher würde unsere Verkäuferin an der Stelle verkäuferisch „leere Kilometer“ machen und sich einen „Frust“ holen. Sie würde nämlich erleben, dass ihre gute Einwandbehandlung (sich in das Gespräch mit dem Steuerberater hineinzureklamieren) nicht und nicht funktioniert.

Um nun im Verkaufsgespräch professionell Einwände von Vorwänden unterscheiden zu können, wünschen wir uns Verkäufer ein kleines Messinstrument. Ein Messinstrument, bei dem wir im Zweifel ganz schnell nachmessen können, ob die Kundenaussage ein Einwand oder ein Vorwand ist.

Auspendeln

Dieses Messinstrument gibt es, und es heißt Auspendeln. Diese Technik wird von verschiedenen Autoren beschrieben und ist eines der tollsten Werkzeuge im Instrumentarium eines Profiverkäufers.

Aber Achtung! Es handelt sich lediglich um ein Messinstrument – ähnlich einem Meterstab oder einer Wasserwaage. Mit einem Meterstab können Sie keine Löcher in die Wand bohren und auch keine Regale montieren, aber Sie können abmessen, wo Sie die Löcher haben wollen und wie lange die Regalbretter sein sollen. Das heißt, dass wir mit dem Instrument des Auspendelns keine Einwände lösen, sondern lediglich mit hoher Wahrscheinlichkeit herausfinden, ob es sich bei einem Kundenargument um einen echten Einwand oder um einen Vorwand handelt.

Auspendeln funktioniert in drei Schritten:

1. **Nehmen Sie den Einwand/Vorwand an** und zeigen Sie Verständnis
2. **Wiederholen Sie die Kundenaussage** möglichst wortwörtlich (ohne Wertung, ohne Interpretation)
3. **Stellen Sie eine nutzenorientierte Frage zu einem anderen Punkt** (eben nicht zum Einwand, aber natürlich zum besprochenen Projekt)

Wenn der Kunde nun mit dem Einwand wiederkommt, dann zeigt Ihr Messinstrument an, dass es sich um einen echten Einwand handelt. Bringt der Kunde den vorher genannten Einwand nicht mehr wieder, so handelt es sich um einen Vorwand.

Ein Beispiel: Nehmen wir noch einmal die Geschichte mit Alexandra Grisser und dem Leihpersonal von vorher.

Kunde: „Ich muss die Sache noch mit meinem Steuerberater besprechen."

Auspendeln Phase 1:

Verkäuferin: „Ich verstehe, Herr Kunde …"

Auspendeln Phase 2:

Verkäuferin: „… Sie möchten die Sache noch mit Ihrem Steuerberater besprechen."

Achtung: Frau Grisser wartet, bis der Kunde jetzt nickt (der Kunde sagt körpersprachlich „ja“ zu seinem Einwand/Vorwand).

Auspendeln Phase 3:

Verkäuferin: „Sagen Sie, was halten Sie von unseren kontinuierlichen Personalschulungen?“

Bei einem echten Einwand würde der Kunde in etwa wie folgt antworten.

Kunde: „Jaja, das mit den Schulungen gefällt mir gut, aber ich will die Sache wirklich noch einmal mit meinem Steuerberater besprechen.“

In diesem Fall macht es durchaus Sinn, dass unsere Verkäuferin jetzt versucht, sich in das Gespräch mit dem Steuerberater hineinzuempfehlen (also den Einwand zu „behandeln“).

Wenn es jedoch ein Vorwand war, klingt die Antwort des Kunden in etwa so.

Kunde: „Ja, das mit den Schulungen gefällt mir gut. Sagen Sie, müssen wir die Zeit für die Schulungen auch bezahlen?“

Nachdem der Kunde jetzt nicht mehr mit dem ursprünglichen Einwand/Vorwand kommt, sagt unser Messinstrument (mit hoher Wahrscheinlichkeit), dass es sich um einen Vorwand gehandelt hat.

In dem Fall haben wir zwar die Sache noch nicht gelöst (wir haben ja nur ausgemessen), aber unsere Verkäuferin weiß, dass sie sich um diesen „Steuerberater-Einwand“ jetzt vorerst nicht mehr kümmern muss, sondern weiter Richtung Abschluss arbeiten kann. Im Anhang auf Seite 202 f. finden Sie ein Formblatt zum Auspendeln.

Wollen Sie das Auspendeln bei Ihren Verkaufsgesprächen anwenden, so empfehle ich Ihnen, in den nächsten Tagen und Wochen bei allen Einwänden/Vorwänden auszupendeln. Auch bei Einwänden, bei denen Sie von vornherein wissen, ob es sich um Einwände oder Vorwände handelt. Durch den verstärkten Einsatz des Messinstrumentes bekommen Sie einerseits Übung im Auspendeln, und andererseits können Sie überprüfen, ob das, was Sie vorher schon vermutet hatten, stimmt. Für den Kunden macht das keinen Unterschied. Er merkt ja nicht, dass seine Aussage jetzt gerade „ausgemessen“ wird, sondern er hat mit Ihnen ein angenehmes Gespräch. Und die sieben bis fünfzehn Sekunden für das Auspendeln sind gut investierte Zeit.

Einwände lösen

Bei einem „echten“ Kundeneinwand (also keinem Vorwand) müssen wir meist eine Lösung anbieten. Manche Einwände lassen sich aber nicht so einfach lösen.

Das heißt, es gibt vielleicht objektive Nachteile, die Ihr Angebot gegenüber einem Mitbewerberangebot hat. In diesen Fällen ist es empfehlenswert, diesen „echten Nachteil“ gegenüber den vielen anderen Vorteilen Ihres Vorschlages aufzuwiegen. Das kann dann in etwa so klingen:

„Ja, lieber Herr Kunde, Sie haben recht, bei diesem Modell investieren Sie 280 Euro mehr als bei dem Modell der Firma XY. Für diese 280 Euro mehr haben Sie folgende Vorteile …“

Oder so:

„Ja, liebe Frau Kundin, das Modell haben wir nicht in schwarz, sondern nur in anthrazit. Dafür ist es weniger staubanfällig und leichter zu pflegen.“

Für die Einwandbehandlung gibt es folgende Schritte:

1. **Nehmen Sie den Einwand/Vorwand an** und zeigen Sie Verständnis
2. **Wiederholen Sie die Kundenaussage** möglichst wortwörtlich (ohne Wertung, ohne Interpretation)

Achtung: Diese beiden Schritte sind identisch mit den ersten zwei Schritten des Auspendlens

3. **Lösung anbieten** (Ihr Vorschlag, den Sie für diesen Einwand vorbereitet haben)
4. **Checken,** ob der Kunde die Lösung als solche akzeptiert

Dazu ein Beispiel:

Eine Kundin im Unterwäschegeschäft hat einen BH probiert, der ihr im Schaufenster gut gefallen hat. Nach der Anprobe sagt sie:

Kundin: „Der BH gefällt mir gut, und er steht mir auch. [Jetzt der Einwand:] Aber die seitlich eingenähten Spitzen jucken mich auf der Haut.“

Einwandbehandlung Phase 1:

Verkäuferin: „Mhm …, ich verstehe …“

Einwandbehandlung Phase 2:

Verkäuferin: „… der BH gefällt Ihnen gut, aber die Spitzen jucken auf der Haut.“

Einwandbehandlung Phase 3:

Verkäuferin: „Sie werden spüren, wenn Sie den BH das erste Mal gewaschen haben, wird das Material viel weicher. Sollte es nicht so sein, werde ich den BH gerne austauschen oder zurücknehmen. Bitte behalten Sie dazu den Kassenzettel.“

Einwandbehandlung Phase 4:

Verkäuferin: „Möchten Sie das passende Höschen gleich dazunehmen?“ [Hier wurde das Checking gleich mit einem Zusatzverkauf verbunden, ansonsten wäre eine passende Formulierung: „Was halten Sie davon?“]

Im obigen Fall ist die Verkäuferin davon ausgegangen, dass der Einwand „echt“ war. Bei Zweifel hätte Sie zuerst auspendeln können. Das **Auspendeln** würde wie folgt klingen:

Auspendeln Phase 1:

Verkäuferin: „Mhm …, ich verstehe …“

Auspendeln Phase 2:

Verkäuferin: „… der BH gefällt Ihnen gut, aber die Spitzen jucken auf der Haut.“

Auspendeln Phase 3:

Verkäuferin: „Wie gefallen Ihnen die abnehmbaren Träger?“

Wenn die Kundin jetzt nicht mehr von der kratzenden Spitze spricht, war es mit hoher Wahrscheinlichkeit nur ein Vorwand. Wenn Sie hingegen wieder auf die kratzenden Spitzen zu sprechen kommt, war es ein echter Einwand, und die Verkäuferin würde dann die Einwandbehandlung, wie oben beschrieben, vornehmen.

Praxisumsetzung

Nützen Sie jetzt die Zeit, die 20 häufigsten Einwände aus Ihrer Praxis aus dem Kapitel 8 zu lösen. Blättern Sie daher zurück auf die Seite 101 zu den 20 Einwänden, die Sie aufgeschrieben haben, und finden Sie für jeden eine Lösung. Wenn Sie keine Lösung finden, dann verwenden Sie die Technik des „Aufwiegens“, wie oben beschrieben. Nehmen Sie sich dazu jetzt zehn bis fünfzehn Minuten Zeit.

Einwandlösung:

1. ____________________

2. ____________________

3. ____________________

4. ____________________

5. ______________________________

6. ______________________________

7. ______________________________

8. ______________________________

9. ______________________________

10. ______________________________

11. ______________________________

12. ______________________________

13. ______________________________

14. ______________________________

15. ______________________________

16. ______________________________

17. ______________________________

18. ______________________________

19. ______________________________

20. ______________________________

Abschluss sofort

Wenn Sie im Umgang mit Einwänden schon sehr versiert sind, können Sie eine sehr elegante und minimalistische Abschlusstechnik verwenden, die wir **letzter Einwand** nennen. Diese Abschlusstechnik funktioniert bei Einwänden, die Sie grundsätzlich lösen können (zu denen Sie also eine Lösung bereits zur Verfügung haben). Die Technik funktioniert wie folgt:

1. Einwand isolieren und zum letzten Einwand machen
2. Einwand dramatisieren
3. Auftragszusage für den Fall der Einlösung einholen
4. Einwand lösen

Dazu ein Beispiel:
Urs Schober verkauft fahrbare Kehrmaschinen für Industrie, Gewerbe, Kommunen und andere Kunden, die große Freiflächen regelmäßig kehren müssen. Mit dem Einkäufer eines großen privaten Vergnügungsparks hat er schon mehrere Gespräche geführt und bereits eine Erprobungsphase gemacht. Die meisten Punkte sind geklärt, und es liegt ein konkretes Angebot vor. Der Kunde bringt folgenden Einwand:

Kunde: „Wir hätten die Kehrmaschinen gerne in den Farben unseres Firmenlogos lackiert."

Natürlich könnte unser Verkäufer jetzt sagen: „O. K., O. K., das mache ich Ihnen." Dann besteht aber die große Gefahr, dass noch der und der und der Einwand kommt und zur Krönung noch eine langfristige Preisverhandlung. Urs Schober hingegen ist sehr versiert mit Einwänden und macht jetzt die „Letzte-Einwand-Abschlusstechnik".

Phase 1: *Verkäufer:* „Aha, ich verstehe, Sie hätten gerne die Maschinen in Ihren Firmenfarben lackiert."

Phase 2: *Verkäufer:* „Tja, das würde sich wahrscheinlich auch gut machen … mhm … Schade, dass so etwas bei uns nicht so einfach geht, weil wir mit vorlackierten Teilen arbeiten … wirklich schade." [Kurze Nachdenkpause.]

Phase 3: *Verkäufer:* „Angenommen, lieber Kunde, ich kann das für Sie in der Produktion und der Geschäftsleitung durchsetzen, kommen wir dann ins Geschäft?"

Jetzt muss der Kunde sich deklarieren und Farbe bekennen. Wenn der Kunde jetzt sagt: „Nein, Moment, ich muss ja noch eine Ausschreibung machen" (oder: „Wir müssen noch über den Preis reden" etc.), dann weiß unser Verkäufer, dass er noch nicht die letzten Zugeständnisse machen darf. Wenn der Kunde aber sagt: *Kunde:* „Naja, wenn Sie das durchsetzen könnten, dann wäre das schon eine tolle Sache."

… dann kommt Phase 4: An der Stelle ist es gut, wenn der Verkäufer nicht sofort die Zusage macht, sondern der Kunde soll weiterhin das Gefühl haben, etwas ganz Besonders zu bekommen. Daher empfehle ich den Abschluss eines „bedingten Auftrages". Das bedeutet, dass der Kunde den Auftrag unter der Voraussetzung erteilt, dass er vom Lieferanten angenommen wird. Das lässt sich ganz einfach lösen, indem der Kunde das Angebot unterschreibt, nachdem der Verkäufer handschriftlich in etwa folgenden Satz angeführt hat: „Der Auftrag gilt erst dann als angenommen, wenn er vom Lieferanten rückbestätigt wird." So hat unser Verkäufer den Vorteil, dass der Kunde bereits unterschrieben und sich für das

Angebot des Verkäufers entschieden hat. Nach drei oder vier Tagen ruft der Verkäufer den Kunden an und übermittelt ihm die „frohe Botschaft“:

Verkäufer: „Lieber Kunde, ich habe gute Nachricht für Sie. Ich habe die Lackierung in Ihren Firmenfarben in unserer Produktion durchsetzen können. Den von Ihnen gewünschten Liefertermin können wir auch einhalten. Die Auftragsbestätigung schicke ich Ihnen zu.“

Starke Aussagen

Hohe Preise erfordern ein hohes Selbstbewusstsein. Dabei ist nicht arrogantes Auftreten gemeint, sondern ein gutes Selbstwertgefühl (sich selber und den eigenen Produkten und Preisen gegenüber).

Folgende „Sager“ können, an der richtigen Stelle eingesetzt, in der Praxis helfen:

„Wir würden doch nicht so lange verhandeln, wenn Sie nicht von der Qualität meiner Produkte überzeugt wären.“

„Das Billigste kann nicht das Beste sein, das Beste nicht das Billigste, doch Sie brauchen das Beste.“

„Dieser Mitbewerber würde seinen Preis gerne auf unser Niveau heben, es wäre doch geschäftlich untüchtig von ihm, das nicht zu tun, wenn seine Produkte es wert wären.“

„Wir könnten auch billiger werden. Wir müssten nur bei dem Material, der Ausstattung, der Präzision und der Qualitätskontrolle sparen. Aber darauf möchten wir nicht unseren Firmennamen schreiben.“

„Unsere Kunden können sich keinen billigen Lieferanten leisten.“

Einige dieser Aussagen stammen von meinem Vorbild und Trainerkollegen Erich-Norbert Detroy. Sein Buch „Sich durchsetzen in Preisgesprächen und Preisverhandlungen“ (siehe Literaturliste auf Seite 205) ist überaus empfehlenswert.

Zum Abschluss dieses Kapitels

Mittlerweile können Sie die drei Fragen vom Beginn dieses Kapitels leicht beantworten. Die Lösung der drei Problemstellungen bereitet Ihnen spätestens jetzt keine Schwierigkeiten mehr. Sie können die Antworten verschiedener Leser auf unserer Homepage (**www.vbc.biz**) nachlesen und selbst Ihre Meinung dazu kundtun.

11 „... zu teuer!"

Sechs Wege aus der Sackgasse

Können Sie diese drei Fragen beantworten?

1. Kann man das „Zu teuer" eines Kunden einfach schweigend übergehen?
2. Wie kann man erkennen, ob das „Zu teuer" des Kunden nur ein „Bluff" ist?
3. Kann man die im Verkauf nicht ganz ungefährliche Frage „Warum?" stellen?

Können Sie die folgenden drei Probleme lösen?

1. Angenommen, Sie möchten Ihr Haus verkaufen, weil Sie mit Ihrer Familie auswandern. Sie haben einen Makler beauftragt, mit dem Sie sich auch über die Preisvorstellungen einig sind. Nun kommt es zu diversen Besichtigungen durch potentielle Käufer. Der Makler hat Sie gebeten, bei den Besichtigungen dabei zu sein, weil er ohnehin nur wenige ernsthafte Interessenten ins Haus bringt. Sie haben heute bereits den zweiten Interessenten samt Makler durch das Haus geführt, und der Interessent sagt: „Naja, grundsätzlich gefällt mir das Haus sehr gut, aber es ist doch ziemlich teuer." Daraufhin sagt Ihr Makler: „Da lässt sich ja vielleicht noch etwas machen, sehen wir uns doch zuerst den Garten an."
   Was hat der Makler in diesem Fall gut und/oder schlecht gemacht, und was würden Sie im nächsten Vieraugengespräch mit Ihrem Makler abstimmen?

2. Sie sind Key-Account-Manager bei einem großen Catering-Unternehmen und verhandeln seit einiger Zeit mit den Einkaufsverantwortlichen einer Fluglinie. Es geht um die Lieferung des Passagieressens – ein für Sie interessanter Auftrag mit langfristig guter Auslastungsprognose. Es gab bereits Tests auf diversen Flügen, Präsentationen und mehrere Verhandlungen. Sie möchten das Projekt jetzt zu einem guten Abschluss bringen.
Nun wünscht Ihr potentieller Kunde noch einen speziell für die Fluglinie kreierten Schokolade-Snack, der an alle Passagiere (sowohl bei Kurz- als auch Langstrecken-Flügen) verteilt werden soll. Der Kunde möchte diesen Snack ohne Aufpreis in das „Gesamt-Package". Sie haben in Ihrer Kalkulation etwas Spielraum für die Endverhandlung eingebaut, und die Kosten für den Schokolade-Snack würden diese „Reserve" aufbrauchen. Wie gehen Sie vor?

3. Sie sind Inhaber eines stadtbekannten Gebäudereinigungs-Unternehmens, haben die Firma selbst aufgebaut und besuchen Ihre Kunden immer noch selbst. Sie sitzen beim Geschäftsführer einer großen Werbeagentur, der sich ein neues Firmengebäude vom Stararchitekten bauen ließ. Sie haben das Gebäude bereits besichtigt und die Wünsche Ihres potentiellen Kunden und dessen Mitarbeiterinnen und Mitarbeiter abgeklärt. Sie sind mit Ihrem Angebot heute bei ihm, um idealerweise den Auftrag mitzunehmen.
Der Kunde sagt: „Ihr Angebot und Ihre Referenzen gefallen mir grundsätzlich gut. Leider habe ich ein Angebot von Ihrem Mitbewerber ‚Schnell Sauber GmbH', das doch um einiges günstiger ist." Sie kennen diese Firma und auch deren Stärken und Schwächen. Daher fragen Sie Ihren Kunden: „Von welcher Preisdifferenz sprechen wir denn?" Der Kunde sagt: „Aus Fairness gegenüber Ihrem Mitbewerber möchte ich Ihnen den Preis nicht nennen und erwarte mir von Ihnen jetzt ein Bestangebot." Was tun Sie jetzt?

Diesmal beginne ich gleich mit einem Beispiel aus der Praxis:
In meiner Zeit als Verkaufsleiter in der Medizintechnik hatte ich einen sehr erfolgreichen und erfahrenen Verkäufer. Er war (wie die meisten damals) um einiges älter als ich und stand meinen Führungsbemühungen entsprechend reserviert gegenüber. Eine unserer gemeinsamen Aktivitäten war ein kleiner Medizinkongress in Linz. Es war eine kleine, feine Veranstaltung in einem netten Kongresshotel.

Für die Nicht-Mediziner und Nicht-Medizintechniker hier schnell noch eine Zusatzinformation: Bei solchen Kongressen (die von wenigen Teilnehmern bis zu mehreren tausend umfassen können) geht es meistens um Wissensvermittlung von Medizinern an Mediziner im Rahmen von Vorträgen und Workshops. Die Industrie (Pharmaindustrie und Medizintechnik) tritt dabei nur als Sponsor auf und kann im Gegenzug (oft gegen separate Standmiete) ihre Produkte und Dienstleistungen in einem speziell dafür geschaffenen Ausstellungsbereich (ähnlich einer Messe) präsentieren. Die Medizinerinnen und Mediziner sind dann zu bestimmten Zeiten in den Vorträgen, und in den Pausenzeiten (am Morgen und am Abend) sehen sie sich an den Ausstellungsständen der Industrie nach Neuigkeiten um.

Mein Kollege und ich hatten also einen kleinen Ausstellungsstand, auf dem wir unter anderem ein neues Gerät für Unfallchirurgen präsentierten. Zu Beginn der Vormittagspause strömten die Ärzte aus dem Vortragssaal. Mein Kollege (ganz der Akquisitionsprofi) hat einen wichtigen potentiellen Kunden für dieses Gerät aus der Menge gefischt und an den Stand gebracht. Nach einer kurzen Präsentation unseres neuen Wunderdings sagt mein Kollege: „Na, Herr Professor, wie gefällt dir denn unser neues XY?“ Darauf der Herr Professor: „Naja, ein wenig teuer ist es halt.“ Darauf mein Kollege: „Na, Herr Professor, mit etwas Rabatt werden wir das schon richten.“

Was war geschehen? Der Herr Professor kam aus dem Vortragssaal und hatte Lust auf einen Kaffee und einen kleinen Snack. Er wird von einem Profiverkäufer begrüßt, und es wir ihm ein neues Gerät präsentiert. Und weil ihm in der Kürze der Zeit nichts anderes eingefallen ist, hat er ihm mehr aus Verlegenheit gesagt: „Naja, ein wenig teuer ist es halt.“ Das war also mehr eine Verlegenheitsaussage oder ein so genannter „Verbalrülpser“. In Wirklichkeit ging es dem Herrn Professor nicht ums Preisverhandeln. Die Höhe einer solchen Anschaffung hat überhaupt keinen Einfluss auf sein Gehalt oder seine Privatpatientenhonorare. Ganz im Gegenteil: Wenn er eine hochwertige Ausstattung in seiner Abteilung hat, kann er unter Umständen sogar mehr gut bezahlende Privatpatienten bekommen.

Mein Kollege hat ihm also sozusagen eine Preisverhandlung „aufs Auge gedrückt". In einem solchen Fall ist die Gefahr sehr groß, dass beim nächsten Besuch tatsächlich über den Preis gesprochen werden muss. Daher wäre es besser gewesen, dieses „Zu teuer" des Kunden einfach zu überhören, ihn über die Einsatzmöglichkeiten in seiner Abteilung zu befragen und eine Erfrischung (Kaffee, Snack etc.) anzubieten.

An der Stelle möchte ich noch einmal an das Zitat von Jan Wage erinnern:

„Die beste Preisverhandlung ist die, die wir nicht haben."

Jetzt kommen wir aber zu den versprochenen sechs Wegen, die wir als Verkäufer gehen können, wenn unser Kunde sagt, dass es ihm „zu teuer" ist und es sich vermutlich um mehr als einen reinen „Verbalrülpser" handelt.

In dem Zusammenhang ist mir noch folgender Hinweis wichtig: Bei den sechs Wegen handelt es sich um verschiedene Möglichkeiten, die ihre jeweiligen Stärken und Schwächen haben. Sie müssen nicht alle diese sechs Möglichkeiten beherrschen und einsetzen, sondern Sie können sich die für Ihre Praxis, Ihre Persönlichkeit und Ihren Verkaufsstil relevanten Wege aussuchen. Sie erreichen dadurch Methodenvielfalt. Das heißt, Profis haben idealerweise immer mehrere Möglichkeiten für bestimmte Problemstellungen.

Einer meiner Lehrer (Mag. Peter Schütz) hat mir gesagt:

„Ein Weg ist eine Sackgasse, zwei Wege sind ein Dilemma, ab drei beginnt die Auswahl."

In diesem Sinn wählen Sie bitte mindestens drei für Sie relevante Wege aus und setzen diese erfolgreich in Ihrer Praxis ein.

Weg Nr. 1: Auspendeln

Das „Auspendeln" haben wir im Kapitel 10 ausführlich behandelt. Zur Erinnerung: Es ist eine Technik, um Einwände auf ihre Relevanz abzuklopfen. Zur Auffrischung hier noch ein Dialogbeispiel:

Kunde: „Diese Anschaffung ist mir einfach zu teuer."

Auspendeln Phase 1: Sie nehmen diesen Einwand/Vorwand an, signalisieren körpersprachlich Verständnis und Zustimmung und sagen:

Verkäufer: „Ich verstehe …"

Auspendeln Phase 2: *Verkäufer:* „... Sie sagen, die Anschaffung ist Ihnen einfach zu teuer ...“ (Sie warten jetzt, bis Ihr Kunde dem eigenen Einwand/Vorwand zustimmt.)

Auspendeln Phase 3: *Verkäufer:* „... wie gefällt Ihnen unsere neue, flexiblere Lieferzeitregelung?“

Jetzt warten Sie einfach ab, was passiert. Zur Erinnerung: Wenn der Kunde den Einwand noch einmal bringt, ist es mit ziemlicher Sicherheit ein echter Einwand, und Sie können den einen oder anderen der restlichen fünf Wege auswählen. Die Kundenaussage in so einem Fall (echter Einwand) könnte zum Beispiel so klingen:

Kunde: „Naja, das mit der Flexibilisierung der Lieferzeit gefällt mir ganz gut. Aber noch einmal, ich kann mir diese Investition in der Form nicht leisten.“

Wenn Ihr Kunde allerdings nicht mehr auf den ursprünglichen Einwand (zu teuer) zurückkommt, war es mit hoher Wahrscheinlichkeit nur ein Vorwand (oder gar nur ein Verbalrülpser). In diesem Fall können Sie in Ihren Verkaufsbemühungen weitermachen.

Weg Nr. 2: „Zu teuer – in Bezug worauf?“

Bei dieser Methode ist es wichtig, die Alternativlösungen (zum Beispiel Mitbewerberangebote) gut zu kennen. Denn auf Ihre Frage: „Zu teuer – in Bezug worauf?“ wird Ihr Kunde oft eine alternative Lösung oder ein Mitbewerberangebot anführen. Kennen Sie Ihre Mitbewerber und deren Stärken und Schwächen gut, so wird Ihnen diese Methode sehr hilfreich sein.

Achten Sie darauf, dass Sie beim direkten Mitbewerbervergleich Ihren Konkurrenten nicht offensichtlich „schlecht machen“. Besser, Sie machen gemeinsam mit Ihrem Kunden eine schriftliche Stärken- und Schwächenanalyse, bei der Sie Ihren Kunden selbst die Stärken und Schwächen des Mitbewerbers nennen lassen. Dadurch verhindern Sie, dass Sie derjenige sind, der den Mitbewerber „diskreditiert“. Diese Methode wird auch von unterschiedlichen Verkaufsschulen als Abschlusstechnik trainiert. Wirklich überzeugend sind Sie, wenn Sie diesen Vergleich bereits in der Vorbereitung durchgespielt haben. Dazu ein Beispiel:

Kriterien:	Mitbewerber:	Wir:
Zuverlässigkeit	Gut	Sehr gut
Erfahrung	Befriedigend	Sehr gut
Einfache Handhabung	Gut	Gut
Anwendersicherheit	Befriedigend	Sehr gut
Kompatibilität	Gut	Sehr gut
Lieferzeit	Gut	Gut
Preis	Gut	Befriedigend

Überlegen Sie sich schon im Vorfeld, welche Kriterien für den Kunden wichtig sein könnten. Während des Gesprächs erstellen Sie die erwähnte Liste handschriftlich, wobei Sie die Kriterien mit dem Kunden abstimmen. In die erste Spalte schreiben Sie die Mitbewerberbewertung des Kunden (mündlichen Bewertungen, mit Schulnoten, mit Plus und Minus oder mit einem Punktesystem).

Achten Sie darauf, dass der leichte Nachteil im Preis durch gute Bewertung in den anderen Kriterien mehr als aufgewogen wird. Der Kunde sollte das Gefühl haben, die Kriterien und Bewertungen selbst vorgenommen zu haben. Je besser das gelingt, desto effizienter ist diese Methode.

Weg Nr. 3: Aktive Zuhörensschleife

Dieses Instrument gefällt mir persönlich sehr gut, weil es „minimalistisch" ist. Hier können Sie mit geringstem Aufwand viel bewegen.

Die aktive Zuhörensschleife funktioniert ganz einfach wie folgt: Sie lassen Ihren Kunden ausreden, Sie machen ein freundliches Gesicht, Sie achten auf eine mit dem Kunden harmonische Körpersprache und wiederholen seine Aussage. Bleiben Sie auch in der Betonung neutral.

Beispiel: Ein Verkäufer von fondsgebundenen Lebensversicherungen hat mit einem Kunden ein intensives Bedarfserhebungsgespräch gemacht und jetzt bei einem zweiten Termin eine spezielle Lebensversicherung angeboten. Nach der Angebotspräsentation sagt der Kunde:

Kunde: „Die monatliche Prämie von 180 Euro ist mir doch zu viel."

(Natürlich hat der Verkäufer im Vorfeld die Möglichkeiten abgeklopft und sein Angebot aufgrund dieser Informationen gemacht.) Der Verkäufer sieht dem

Kunden in die Augen, macht ein freundliches Gesicht und sagt mit neutraler Betonung und warmer Stimme:

Verkäufer: „Mhm ... ich verstehe, die 180 Euro Monatsprämie sind Ihnen einfach zu viel"

Mehrere Sekunden Pause ... Während der Pause hält der Verkäufer ständig Augenkontakt und bleibt auch bei seiner freundlichen Mimik. In 99 von 100 Fällen wird innerhalb der nächsten drei Sekunden der Kunde mit einer Aussage herausplatzen. Das könnte in diesem Beispiel ungefähr so klingen:

Kunde: „Naja, wir haben nämlich gerade erfahren, dass wir noch einmal ein Kind bekommen, und das ändert natürlich unsere Lage."

Mit dieser Information kann unser Verkäufer jetzt flexibel sein Angebot adaptieren (eine spezielle Versicherung für das Kind mit anbieten, die Versicherungsprämie reduzieren etc. etc.).

Der weniger professionelle Verkäufer hätte vielleicht einfach gesagt: „Aber Sie haben mir doch im Vorfeld gesagt, dass Sie sich bis zu 200 Euro monatlich leisten können, und darauf habe ich meine Berechnungen gestützt." (Das womöglich noch in vorwurfsvollem Ton.) Dieser Verkäufer wird wahrscheinlich nichts von dem überraschenden Familienzuwachs erfahren.

Der Minimalismus und die große Flexibilität machen diese Methode so sympathisch. Die meisten Gesprächspartner sind mehr oder weniger überrascht, und Sie bekommen als Verkäufer mit einer höheren Wahrscheinlichkeit die wahren Beweggründe, die hinter einem Einwand/Vorwand stecken, präsentiert.

Manche von den Lesern werden sich jetzt fragen: „Was mache ich, wenn mein Kunde nichts sagt – das ist ja peinlich!" Das ist eben die Eleganz bei dieser Methode. Der Kunde merkt ja nicht, dass eine aktive Zuhörensschleife ins Leere greift, sondern Sie schweigen gemeinsam mit ihm. Wenn Ihnen das Schweigen zu lange wird (bitte halten Sie mindestens fünf Sekunden durch und steigern Sie sich bis auf zehn), können Sie immer noch nach der Pause sagen: „Sagen Sie, lieber Kunde, zu teuer – in Bezug worauf?". Oder Sie können einen der anderen hier beschriebenen Wege wählen. Sie haben sich dadurch nichts vergeben.

Weg Nr. 4: „Warum?"

In unseren Trainings empfehlen wir den Teilnehmern, das „Warum?" in der Verkaufskommunikation nicht zu verwenden. „Warum?" ist aus zweierlei Gründen im Verkauf gefährlich:

Erstens erzeugt die Frage bei vielen eine Art Rechtfertigungsgrund. Sie hat also eine inquisitorische Kraft. Das kann bei Kunden Widerstand oder eine Trotzreaktion hervorrufen.

Zweitens haben viele von uns in ihrer frühsprachlichen Prägung mit dem „Warum?" schlecht Erfahrungen gemacht. Als kleine Knirpse haben wir von unseren Eltern das „Warum?" oft im Zusammenhang mit einem Vorwurf oder Tadel gehört: „Warum kommst du erst jetzt nach Hause?" „Warum hast du deine Schwester geärgert?" „Warum läufst du mit den schmutzigen Schuhen über den frisch gesaugten Teppich?" „Warum hast du dir die Hände vor dem Essen nicht gewaschen?" Solche frühen Prägungen sitzen im Unterbewusstsein, und im schlimmsten Fall werden durch die unkontrollierte Verwendung des Wortes „Warum?" unsere Kunden und Gesprächspartner in einen schlechteren Zustand versetzt. Dies läuft natürlich unbewusst ab und ist daher umso gefährlicher.

Aus diesen beiden Gründen empfehle ich Ihnen, das „Warum?" speziell in der Bedarfserhebung und am Gesprächsanfang zu meiden.

Im Falle des „Zu teuer" handelt es sich um einen „homöopathischen" Einsatz dieses Fragewörtchens. In der Homöopathie werden auch Gifte in ganz, ganz kleinen Dosen zur Heilung verwendet. Und hier verwenden wir eben das möglicherweise giftige Wörtchen „Warum?" in einem genau abgegrenzten Kontext, um ein möglicherweise ungerechtfertigtes „Zu teuer" zu heilen.

Das Ganze funktioniert so:

Kunde: „Das ist ja alles gut und schön, aber Ihr seid einfach zu teuer."

Verkäufer: Macht ein freundliches Gesicht, leicht fragende, neugierige Mimik und in der Betonung spielerisch bis naiv: „Warum?"

Die Wirkung ist verblüffend ähnlich, wie bei der aktiven Zuhörensschleife. Dieses Vorgehen wirkt überraschend und lockt meist eine „ungeschminkte" Reaktion des Kunden hervor. Auch in diesem Falle erfahren Sie mit einer hohen Wahrscheinlichkeit die wahren Beweggründe. Achten Sie darauf, dass Sie auf keinen Fall mit strenger Mimik oder vorwurfsvoller Betonung arbeiten, weil Sie dadurch den Bereich der Homöopathie verlassen.

Weg Nr. 5: Letzter Einwand

Die Technik des „letzten Einwands" habe ich bereits im Kapitel 10 unter der Überschrift „Abschluss sofort" (siehe Seite 133) beschrieben. Im Fall des „Zu teuer" bietet sich diese Technik an, wenn Sie noch ein Preiszugeständnis in Reserve haben. Das heißt, Sie haben bei der Errechnung Ihres Angebots für den Fall der Preisverhandlung eine kleine Reserve eingebaut, die Sie nun verwenden möchten. Diese Methode lässt sich auch elegant mit dem Weg Nr. 6 („Wie viel zu teuer?") kombinieren.

Sie haben also noch etwas Verhandlungsspielraum eingebaut, und der weniger professionelle Verkäufer würde jetzt sagen: „O. K., lieber Kunde, ich kann Ihnen noch 5 Prozent geben – mehr ist aber leider nicht drin."

Um die Methode des letzen Einwands zu verwenden, erinnere ich noch mal an die vier Schritte:

1. Einwand isolieren und zum letzten Einwand machen
2. Einwand dramatisieren
3. Auftragszusage für den Fall der Einlösung einholen
4. Einwand lösen

Beispiel:

Kunde: „Das Ganze ist mir einfach noch zu teuer."

1. Einwand isolieren und zum letzten Einwand machen:

Verkäufer: „Aha, ich verstehe, das Ganze ist Ihnen einfach noch zu teuer."

2. Einwand dramatisieren:

Verkäufer: „Tja ... das ist schade, aber da wird sich nicht mehr viel machen lassen."

3. Auftragszusage für den Fall der Einlösung einholen:

Verkäufer: „Also, lieber Kunde, angenommen wir könnten im Preis noch etwas machen, sind wir dann im Geschäft?" [Jetzt muss sich Ihr Kunde deklarieren!]

4. Einwand lösen:

Um die vorher aufgebaute Dramatik hier nicht zu schnell verpuffen zu lassen, empfehle ich Ihnen, nur einen bedingten Auftrag zu machen (siehe dazu auch im Kapitel 10 „Abschluss sofort", Seite 133).

Der Vorteil dieser Methode ist, dass der Kunde sich deklariert und das Gefühl bekommt (Sie erinnern sich, es geht um das Gefühl), ein gutes Geschäft gemacht zu haben und ein guter Preisverhandler zu sein.

Weg Nr. 6: „Wie viel zu teuer?"

Wie bei den anderen Wegen empfehle ich Ihnen, zuerst einfach auszupendeln. Damit können Sie einen bestimmten Prozentsatz an Vorwänden und Verbalrülpsern eliminieren. Wenn also nach dem Auspendeln der Einwand noch einmal kommt, können Sie einen der anderen hier beschriebenen Wege beschreiten. Bei diesem sechsten Weg fragen Sie den Kunden: „Wie viel zu teuer?"

Das birgt natürlich die Gefahr, dass der Kunde glaubt, er könne jetzt verhandeln. In der Tat wird das oft als Einladung zum Preisverhandeln gesehen. Das ist grundsätzlich O. K., wenn Sie noch etwas Verhandlungsspielraum haben. In dem Fall (wenn Sie also noch etwas Nachlass geben wollen) empfehle ich Ihnen die Kombination mit dem „letzten Einwand" (Weg Nr. 5).

Wollen Sie allerdings keine Preiszugeständnisse mehr machen (was sich natürlich besser auf Ihren Unternehmensertrag auswirkt), gilt es nur noch, den Mehrpreis zu verkaufen.

Beispiel: Das Angebot für ein Komplett-Package beinhaltet eine Investition von 100.000 Euro.

Kunde: „Das ist mir zu teuer."

Verkäufer: „Wie viel zu teuer?"

Kunde: „Ich wollte maximal 80.000 ausgeben."

Jetzt ist die Katze aus dem Sack. Die 80.000 Euro klingeln bereits bei Ihnen in der Kasse. Sie müssen jetzt nicht mehr die 100.000 Euro verkaufen, sondern nur mehr die 20.000 Differenz. Und 20.000 klingt in dem Zusammenhang viel weniger als 100.000. Das bedeutet, Sie sagen jetzt zum Beispiel:

Verkäufer: „Ich verstehe, wir haben noch eine Differenz von 20.000. Für diese 20.000 Mehrinvestition bekommen Sie …" [Hier die ganzen tollen Argumente, die Sie aus der Bedarfserhebung gesammelt haben.]

Die tollen Zusatznutzen, die Sie mit Ihrem Angebot zu bieten haben, müssen nur noch mit 20.000 Euro in der gedanklichen Kosten-Nutzen-Waage des Kunden aufgewogen werden. Das ist viel einfacher, als 100.000 Euro aufzuwiegen.

Dazu noch ein jüngst erlebtes Beispiel: Meine Freundin war auf einer Fortbildungsveranstaltung in einem schönen Urlaubsort. Übers Wochenende habe ich mich dazugesellt. Gleich neben dem Hotel befand sich eine Drogerie. Ich nutzte die Gelegenheit, ein Körperöl einzukaufen. Der Verkäufer zeigte mir zwei ähnliche Öle. Das von ihm angepriesene hatte noch einen hochwertigen Zusatzinhaltsstoff, den er mir als sehr vorteilhaft schilderte. Er erklärte mir die Unterschiede, hielt mir beide Flaschen entgegen und schwieg mit einem Lächeln (stumme Abschlussfrage).

Ich sagte: „Wie sieht's denn preislich aus?"

Verkäufer: „Es sind nur 60 Cent Unterschied."

Ich dachte mir: Super, der beherrscht sein „Wie viel zu teuer?" und investierte 60 Cent mehr.

Zum Abschluss dieses Kapitels

Mittlerweile können Sie die drei Fragen vom Beginn dieses Kapitels leicht beantworten. Die Lösung der drei Problemstellungen bereitet Ihnen spätestens jetzt keine Schwierigkeiten mehr. Sie können die Antworten verschiedener Leser auf unserer Homepage (**www.vbc.biz**) nachlesen und selbst Ihre Meinung dazu kundtun.

12 Einkäufer-Tricks

Kunden sind auch nur Menschen

Können Sie diese drei Fragen beantworten?

1. Worauf ist aus verkäuferischer Sicht besonders zu achten, wenn Sie mit einem Einkaufsgremium (mehrere Personen, die eine Einkaufsentscheidung gemeinsam fällen sollen) zusammen sitzen?

2. Soll man einem Kunden, der keinen persönlichen Besuch wünscht, trotzdem auf Wunsch eine Preisliste zusenden?

3. Obwohl Sie einen Termin bei einem Kunden haben, lässt er Sie warten. Wie lange soll man als Verkäufer warten (10 Minuten, 20 Minuten, eine Stunde, zwei Stunden ...)?

Können Sie die folgenden drei Probleme lösen?

1. Ferdinand Steiner ist Außendienstverkäufer in der chemischen Grundstoffindustrie. Er sitzt mit einem potentiellen Neukunden (Hersteller von Farben und Lacken) zusammen und hat ein Angebot für diverse Grundstoffe zur Farbenerzeugung gelegt. Bei einem früheren Termin hat Kollege Steiner den Bedarf, die Mengen und die Produktionsabläufe für diesen potentiellen Kunden genau analysiert und das Angebot darauf abgestimmt. Herr Steiner hat sich dabei 3 Prozent Reserve für Verhandlungen eingeplant. Der Kunde sagt:
„Lieber Herr Steiner, das Angebot ist zwar sehr nett, aber ich weiß konkret, dass Sie bei einem anderen Kunden für dieselben Produkte bessere Preise machen. Ich schlage vor, wir reden dann weiter, wenn Sie mir mindestens diese Preise gewähren.“
Was raten Sie Herrn Steiner in diesem Fall zu tun?

2. Sabine Meier ist Mitinhaberin einer Steuerberatungs- und Buchhaltungsfirma. Ihre Firma erledigt Buchhaltungs-, Steuerberatungs- und Buchprüfungsdienstleistungen für mittlere und größere Unternehmen. Frau Meier führte schon zwei Gespräche bei einer größeren Softwarefirma. Dieser potentielle Kunde hat mehrere Tochterbetriebe (unter anderem auch im Ausland). Die Softwarefirma möchte die bisher mit eigenen Mitarbeitern im Hause durchgeführte Buchhaltung und Lohnverrechnung komplett „outsourcen". Frau Meier hat ein detailliertes Angebot ausgearbeitet. Sie hat auch vorgeschlagen, einige Mitarbeiter der Softwarefirma auf Wunsch zu übernehmen.
Heute ist sie zu einem Abschlussgespräch eingeladen, an dem das gesamte Management der Softwarefirma teilnehmen soll. Erst vor Ort erfährt sie von der Chefsekretärin, dass noch zwei weitere Firmen (Mitbewerber von Sabine Meier) im Besprechungszimmer sind, die ebenfalls ein Angebot erstellt haben. Es soll also zu einer vergleichenden Präsentation mit allen anwesenden Anbietern kommen – eine Art Auftragsversteigerung. Was würden Sie Kollegin Meier raten?

3. Sie sind Inhaber eines gut gehenden Bäckereibetriebs in einer Stadt mit ca. 30.000 Einwohnern. Sie haben fünf Verkaufsfilialen, die bis auf eine Filiale gute Ergebnisse bringen. Sie beliefern einige örtliche Gastronomen, zwei Schulen und das Krankenhaus mit Brot und Gebäck. Die Preise im Krankenhaus sind knapp kalkuliert, aber die kontinuierlich gleichen Abnahmemengen helfen Ihnen, den Betrieb auszulasten. Für das laufende Jahr haben Sie die Preise im Dezember des Vorjahres vereinbart und für ein Jahr fixiert. Jetzt, im April des laufenden Jahres, bekommen Sie ein Schreiben von der Einkaufsabteilung des Krankenhauses, in dem Ihnen die neuen Geschäftsbedingungen zur Kenntnisnahme übermittelt werden.
   In diesen Geschäftsbedingungen finden Sie einen Absatz, der die Zahlungsbedingungen für alle Aufträge wie folgt vorgibt: 60 Tage mit 3 Prozent Skonto oder 90 Tage netto. Bisher war vereinbart: 30 Tage mit 2 Prozent Skonto oder 60 Tage netto. In der Praxis war es meist so, dass das Krankenhaus sich die 2 Prozent Skonto immer abgezogen, oft aber erst nach 50 oder 60 Tagen überwiesen hat. Was tun Sie in diesem Fall?

Der Untertitel dieses Kapitels („Kunden sind auch nur Menschen") ist das Zitat eines geschätzten Trainerkollegen. Er bringt es in Trainings, wenn sich die Teilnehmer allzu sehr in Spekulationen über irgendwelche einkäuferischen Tricks und Techniken verstiegen haben. Das heißt, viele Aktionen und Verhaltensweisen, die Kunden im Verkaufsgespräch an den Tag legen, sehen nur wie Einkäufertricks aus. Manchmal sind wir Verkäufer so sehr auf der Hut, uns vor solchen Tricks zu schützen, dass wir dabei übersehen, dass unser Gegenüber einfach auch nur ein Mensch aus Fleisch und Blut ist – mit eigenen Ängsten, Sorgen, schlechten Erfahrungen aus der Vergangenheit und Angst vor „Verkäufertricks". Ein Kunde, der sich vielleicht etwas auffällig benimmt (entweder besonders schweigsam oder besonders dominant oder arrogant wirkt), ist daher noch lange kein notorischer Verkäuferquäler. Es kann sich ganz einfach um Selbstschutzmaßnahmen handeln.

Wir wissen, es gibt im Verkauf (genau wie in allen anderen Berufen) schwarze Schafe. Menschen, die nicht mit verkäuferischer Ethik und Win-win-Absicht ins Gespräch gehen, sondern das Gegenteil beabsichtigen. Sie wollen die Kunden mit einer Art „Wegelagerermentalität" über den Tisch ziehen und bei der ersten Gelegenheit ihre Versprechen widerrufen oder brechen. Schwarze Schafe wird es vermutlich immer geben. Leider hatte, statistisch gesehen, jeder Kunde in seinem Leben schon mit mehreren schwarzen Schafen auf Verkäuferseite zu tun. Daher ist es nur natürlich und verständlich, wenn solche Menschen (als Kunden) etwas vorsichtiger und zurückhaltender sind. Wir müssen ihnen erst etwas Zeit geben, damit sie unsere seriösen Verkaufsabsichten erkennen können.

Dazu ein Beispiel aus meiner Praxis: In meiner Zeit als Junior-Außendienstverkäufer in der Medizintechnik, bereiste ich das westliche Bundesgebiet Österreichs. Die Universitätsklinik in Innsbruck war mein größter potentieller Kunde. Damals war in der kieferchirurgischen Klinik große Aufbruchsstimmung, da ein neues Gebäude bezogen werden sollte. Solche Anlässe sind für Medizintechniklieferanten natürlich eine schöne Gelegenheit. Mein damaliger Arbeitgeber hatte ein komplettes kieferchirurgisches Implantatesystem eines deutschen Herstellers im Vertrieb.

Mein Chef warnte mich vor allzu großen Hoffnungen, weil unsere Firma in der Kieferklinik Innsbruck keinen sehr guten Ruf hatte. Es gab in der Vergangenheit einen Geschäftsfall mit Reklamationen und Unzufriedenheiten. Ich solle mir also gut überlegen, ob ich in das Projekt überhaupt Zeit und Energie investieren wolle. Mein jugendlicher Ehrgeiz war jetzt angefacht, und ich wollte diese seltene Chance nützen. Nach einer ersten Sondierung der Lage war auch mir klar, wie spät wir bereits dran sind. Der Herr Professor war mit seinen leitenden Oberärzten bereits bei einem anderen Lieferanten in Tuttlingen (Deutschland) gewesen und hatte dort die wichtigsten Instrumente und Implantate für die neue Klinik ausgesucht. Die Ausschreibung war für die nächsten zwei Monate geplant. Darüber hinaus – so erfuhr ich – würde die leitende OP-Schwester Haare auf den Zähnen haben und Verkäufer schlecht behandeln.

Genau da sah ich eine Chance. Die leitenden OP-Schwestern und Pfleger haben in solchen Strukturen oft viel mehr Einfluss, als allen bewusst ist. Und wenn der Herr Professor schon beim Mitbewerber war – so dachte ich mir –, ist meine einzige Chance die leitende OP-Schwester. Wenn diese obendrein den Ruf hat, Verkäufer einzuschüchtern, würden die Konkurrenten wahrscheinlich einen Bogen um sie machen.

Also habe ich einen Termin mit ihr vereinbart. Bei unserem ersten Treffen erlebte ich sie als resolute Frau in den mittleren Jahren mit norddeutschem Akzent. Sie war durchaus nicht unhöflich, aber sehr bestimmt und hat klar und unmissverständlich ihre Wünsche artikuliert. Bald erkannte sie mein ehrliches Bemühen um ihre Wünsche und die Anliegen ihrer Abteilung. Dadurch konnte ich sie zu einem Besuch im Werk unseres Lieferanten (ebenfalls in Tuttlingen) einladen, und wir nahmen noch zwei Ärzte mit.

Im weiteren Verlauf der Verkäufer-Kunden-Beziehung habe ich etwas mehr von der Lebensgeschichte der OP-Schwester erfahren. Sie war als allein erziehende Mutter von Deutschland nach Tirol übersiedelt und wohnte in einer Wohnung auf einem Bauernhof in einem Dorf in der Nähe von Innsbruck. Ihr geschiedener Mann war Schwarzafrikaner und ihre Tochter daher ein (bildhübsches) cappuccinobraunes Mädchen. Wer die Vorbehalte und Zurückhaltung gegenüber Andersartigen in westösterreichischen, süddeutschen oder Ostschweizer Berggegenden kennt, wundert sich nicht, dass diese allein stehende Mutter besondern energisch auftreten musste, um sich in ihrer Umwelt behaupten und durchsetzen zu können.

Diese Geschichte zeigt, dass die wenigsten Menschen „mit böser Absicht" so sind, wie sie sind. Meistens gibt es eine Geschichte dahinter, die – bei genauerer Betrachtung – auch seltsame Verhaltensweisen erklärbar macht. Dennoch gibt es Kunden und Einkäufer, die mit verschiedenen Methoden und Tricks versuchen, aus Verkäufern so viel als möglich herauszuholen. Im Folgenden behandeln wir die gängigsten Methoden.

Das Mitbewerberangebot

Immer wieder – gerade in der Preisverhandlung – sagen Kunden (oder deuten an):

Kunde: „Da habe ich aber ein besseres Angebot Ihres Mitbewerbers."

Hier müssen wir Verkäufer uns des Wertes unserer Arbeit bewusst sein. Vielleicht ist es auch ganz gut, sich zu erinnern, was denn so ein Kundenbesuch kostet (siehe Kalkulation im Kapitel 8 auf Seite 97). Sie befinden sich nicht auf einem Jahrmarkt oder Basar, sondern Sie sind in einer seriösen, ernst zu nehmenden Angelegenheit unterwegs. Daher haben Sie auch das größte Recht, das Mitbewerberangebot zu sehen. Argumentiert der Kunde, dies zum Beispiel aus Fairnessgründen nicht zu wollen, können wir wie folgt argumentieren:

Verkäufer: „Sehr geehrter Kunde, wenn ich preislich noch etwas für Sie tun soll (bei meinem Chef oder Lieferanten für Sie durchsetzen soll), benötige ich Fakten. Daher brauche ich eine Kopie des Angebotes, ansonsten sind mir leider die Hände gebunden (habe ich keine Argumente bei meinem Chef oder Lieferanten)."

Achtung: Wenn Sie jetzt den Verdacht haben, Ihr Kunde hat nur geblufft und kommt daher jetzt „ins Schwitzen", verzichten Sie auf den billigen Sieg, ihm die Maske vom Gesicht zu reißen. Niemand will in einer Verhandlung gerne sein Gesicht verlieren. Es geht also nicht darum, den Kunden zu besiegen, sondern eine Win-win-Situation zu erreichen.

Eine andere Möglichkeit (wenn Sie preislich nichts mehr tun können, aber das Mitbewerberangebot trotzdem sehen wollen) wäre die folgende Argumentation:

Verkäufer: „Sehr geehrter Kunde, sehen wir uns das Mitbewerberangebot doch einfach gemeinsam an. Ich erlebe immer wieder, dass aus Versehen Äpfel mit Birnen verglichen werden und das ‚Kleingedruckte' oft übersehen wird. Sehen wir uns also gemeinsam das Mitbewerberangebot an und machen wir einen fairen Vergleich. Sie können dabei nur gewinnen – zumindest an Klarheit."

Dieses Angebot kann Ihr Kunde nur schwer ablehnen. Insbesondere, nachdem er gemerkt hat, hier ist ein verkäuferischer Profi am Werk, der sich ernsthaft mit seinem Thema beschäftigt und auskennt.

Persönliche Angriffe

Manchmal haben wir Verkäufer das Gefühl, dass uns der Kunde persönlich angreift. Das könnte mit der Absicht geschehen, uns unter Stress zu setzen und uns dadurch für die Preisverhandlung in eine schlechtere Position zu bringen. Solch ein Angriff klingt dann zum Beispiel so:

Kunde: „Wenn Sie ganz ehrlich sind, müssen Sie doch zugeben, dass Sie das mit Ihrer fachlichen Qualifikation gar nicht beurteilen können."

Das sitzt! Wenn wir so eine Aussage persönlich nehmen, sind wir meist für den Rest des Tages bedient. Natürlich kann ich als Verkäufer jetzt entscheiden: Mit diesem Menschen will ich nicht arbeiten. An der Stelle empfehle ich mich und kümmere mich um andere Kunden.

Andererseits will mich mein Kunde vielleicht nur testen und aus der Reserve locken. Für mache ist das eine Art Spiel. Der Kunde will vielleicht herausfinden, ob er einen belastbaren Geschäftspartner vor sich hat, der auch in Stresssituationen gute Leistung bringt. Sollten Sie hier „am Ball" bleiben wollen, empfehle ich wieder die Parallele zur asiatischen Kampfkunst. Keinen Gegenschlag, sondern die Energie des Angreifers oder Herausforderers nützen und zurückspielen.

Je nach Kontext und Inhalt könnte die Antwort auf diesen Untergriff wie folgt klingen:

Verkäufer: „In diesem Fall ist meine Rolle die des Projektkoordinators. Was die fachlichen Details anlangt, kann ich mich ganz auf meine Spezialisten verlassen. Welche Informationen würden Sie denn noch benötigen?"

Jetzt ist der Ball wieder elegant zurückgespielt.

Noch ein kleines Beispiel aus der Praxis: In meiner Anfangsphase als Verkaufstrainer hatte ich einen Ersttermin mit dem Bereichsverantwortlichen eines großen pharmazeutischen Unternehmens. Für das Gespräch hatte ich mich entsprechend vorbereitet und auch eine kleine Verkaufspräsentation am Laptop entwickelt. Besonders stolz war ich auf das in meine Präsentation eingebaute Firmenlogo des Kunden. Nach einer ca. 20-minütigen Bedarfserhebung und Aufwärmphase zeigte ich stolz meine Präsentation und endete mit der folgenden „Checking-Frage":

Ich: „Was halten Sie davon?"

Kunde: „Das, was Sie mir hier erzählt haben, sind alles Plattitüden. Das kenne ich alles schon. Da ist ja nix Neues dabei."

Ich war völlig baff und leicht beleidigt. Nach der ersten Schrecksekunde gelang es mir, meinen Ärger zu vergessen und folgende Frage zu stellen:

Ich: „Was müsste denn ein Verkaufstraining beinhalten, damit es für Sie und Ihre Mitarbeiter attraktiv ist?"

Der Kunde schilderte ausführlich seine Vorstellungen, und ich machte mir Notizen. Interessanterweise entsprach das ziemlich genau meinem Angebot, und wir kamen ins Geschäft. Später erfuhr ich von einem Vorfall, der sich früher in der Firma zugetragen hatte. Der Bereichsleiter hatte in der Vergangenheit einen eher mäßigen Verkaufstrainer engagiert, und seine Mitarbeiter waren damit gar nicht zufrieden. Mein Kunde hatte also lediglich Angst, noch mal in diese Situation zu geraten und war daher besonders skeptisch. Wäre es mir nicht gelungen, den ersten Ärger hinunterzuschlucken, wären wir nie ins Geschäft gekommen.

Auftragsversteigerung

In manchen Branchen hat sich die Unsitte der Auftragsversteigerung breit gemacht. Nach ersten Auftrags-Briefings werden die wichtigsten Lieferanten ausgewählt. Bei einer Art „Kampfpräsentation" stellen diese verbleibenden drei bis fünf Lieferanten ihr Angebot im Beisein ihrer wichtigsten Mitbewerber vor, und es folgt eine richtiggehende „Auftragsversteigerung". Sie sollten auf keinen Fall bei so etwas mitmachen, wenn Sie vorher nicht informiert wurden. Man hat Sie zu einem normalen Verkaufsgespräch eingeladen, doch vor Ort sind Ihre Mitbewerber anwesend.

Wissen Sie das allerdings schon vorher, können Sie in Ruhe entscheiden, ob Sie mitmachen wollen oder nicht. Falls ja, lassen Sie sich den maximalen Verhandlungsspielraum von Ihrer obersten Ebene vorher absegnen. Sonst machen Sie sich dort lächerlich, vergeuden Ihre Zeit, und für das eigene Selbstwertgefühl ist es auch nicht unbedingt förderlich.

Eine immer mehr um sich greifende Spielart dieser Auftragsversteigerung ist folgende Variante: Die verschiedenen Lieferanten befinden sich in separaten Besprechungsräumen, und die Einkäufer gehen von Zimmer zu Zimmer. Dabei behaupten sie, die jeweils anderen (Konkurrenten) wären mit ihrem Preis noch weiter heruntergegangen. Wenn Sie das vorher wissen, können Sie entscheiden, ob sie mitmachen. Wenn ja, sorgen Sie für höchstmöglichen Entscheidungsspielraum.

Kräfteverzehr auf Nebenschauplätzen

Gerade wenn Sie mit mehreren Entscheidern an einem Tisch sitzen, passiert es nicht selten, dass einer der Akteure von der Kundenseite uns auf Nebenschauplätze locken will. Nicht unbedingt mit der bösen Absicht, dort unsere Kräfte aufzuzehren, aber im schlimmsten Fall mit genau diesem Effekt. Das klingt dann in etwa so:

Kunde: „Bevor wir jetzt über die Lieferzeit reden, sollten wir uns doch noch einmal genauer die technischen Beschreibungen ansehen. Ich denke, da ist noch nicht alles geklärt."

Lassen wir uns nicht auf diese Nebenschauplätze verführen, sondern steuern wir unsere Gesprächspartner wieder zum roten Faden zurück. Zum Beispiel folgendermaßen:

Verkäufer: „Ich verstehe, die technischen Details sind natürlich wichtig. Daher schlage ich vor, dass eine separate Spezialistengruppe sich darum kümmert (oder wir einen diesbezüglichen Passus in die Auftragsbestätigung nehmen oder diese Punkte bei einem separaten Termin im Detail besprechen) und wir uns jetzt um eine erfolgreiche Gesamtlösung bemühen."

Versuchen wir also, solche Einladungen auf Nebenschauplätze möglichst elegant auszuschlagen und gleichzeitig das Anliegen des Gesprächpartners ernst zu nehmen („Ich verstehe …").

Einwände Dritter

Dabei handelt es sich um einen schwer zu widerlegenden Einwand, den „angeblich" ein nicht anwesender Dritter gebracht hat. Ein Praxisbeispiel dazu:

Kunde: „Unser Generaldirektor hat bei dieser Sache größte Skepsis angemeldet."

Das ist besonders perfide, wenn Sie mit mehreren Gesprächspartnern seitens des Kunden zusammensitzen. Hier gilt strukturell das Gleiche wie bei der Verlockung auf „Nebenschauplätze". Gehen Sie nicht darauf ein und holen Sie die Gesprächspartner zum Thema zurück. Sie sagen dann:

Verkäufer: „Nachdem der Herr Generaldirektor im Moment nicht anwesend ist, kann ich ihm seine Fragen auch nicht beantworten. Mir ist wichtig, dass wir uns jetzt auf eine gemeinsame Vorgehensweise einigen, und ich nehme mir danach gerne die Zeit, bei einem separaten Termin den Herrn Generaldirektor von unserer Lösung zu überzeugen."

Kunde in der Opferrolle

Manchmal stellt sich unser Gesprächspartner als Opfer besonderer Umstände dar und fordert aus diesem Grund bessere Konditionen. In der Praxis klingt das so:

Kunde: „Bitte verstehen Sie meine Lage. Der Vorstand hat mir eindeutig eine Einsparung von mindestens 10 Prozent bei allen Lieferanten vorgeschrieben. Wenn wir das nicht schaffen, bin ich unter Umständen meinen eigenen Job los. Daher brauche ich von Ihnen noch einen zusätzlichen Rabatt von 10 Prozent, Sie müssen mir da einfach helfen."

Auch hier gilt es, der Verlockung zu widerstehen und nicht auf die „Mitleidsschiene" abzugleiten. Gleichzeitig zeigen wir Verständnis für die schwierige Situation. Aber Verständnis zeigen heißt noch lange nicht, einverstanden zu sein. Das bedeutet, wir verstehen die schwierige Situation, aber wir sind nicht damit einverstanden, deshalb 10 Prozent mehr Rabatt zu geben. Antworten Sie daher sinngemäß wie folgt:

Verkäufer: „Ich verstehe, das ist sicher eine sehr unangenehme Situation für Sie. Vor allem, nachdem Sie sich doch in all den Jahren besonders für das Unternehmen eingesetzt haben. Mir sind hier leider die Hände gebunden. Ich bin gerne bereit, bei einem Termin gemeinsam mit Ihrem Vorstand unseren Standpunkt zu vertreten. Wie sollen wir vorgehen?"

So haben Sie den Ball wieder zurückgespielt, aber klar signalisiert, dass Sie hier nicht „mitmachen".

Konditionenänderungen in den Geschäftsbedingungen

Wie in dem Problem Nr. 3 am Kapitelanfang beschrieben, kommt es immer wieder vor, dass Kunden im Nachhinein die Bedingungen ändern wollen. Das Projekt ist ausverhandelt und die Konditionen sind definiert. Mit der Auftragsbestätigung (oder erst danach) schickt der Kunde dann seine Geschäftsbedingungen mit dem Verweis, dass diese alle vorherigen Vereinbarungen ersetzen und für alle Geschäfte gelten soll. Speziell große Firmen versuchen damit, ihre „Einkaufsmacht" für nachträgliche Konditionenverbesserungen auszunützen. Bedenken Sie: 2 Prozent Skonto, die Sie nicht einkalkuliert haben, schlagen sich direkt auf Ihren Unternehmensgewinn nieder (siehe dazu auch den Punkt „Rabatt-Gewinn-Hebel" im Kapitel 13 auf Seite 168).

Hier heißt es einfach: Rückgrat zeigen! Schreiben Sie Ihrem Kunden freundlich und höflich zurück. Erklären Sie, dass die getroffene Vereinbarung anders aussieht und Sie anders kalkuliert haben. Legen Sie gegen diese Sonderkonditionen Einspruch ein, und machen Sie das schriftlich.

Good cop – bad cop (guter Bulle – böser Bulle)

Wer kennt dieses Spiel nicht? Um einen Verdächtigen in einer Einvernahme im Polizeirevier möglichst schnell weich zu klopfen, haben sich zwei Polizeibeamte vorher abgesprochen. Einer spielt den „bösen Bullen" und schüchtert den Verdächtigen mit Beschimpfungen und Drohungen ein. Der andere spielt den „guten Bullen", bietet dem Eingeschüchterten Kaffee und Zigaretten an und spricht mit warmer Stimme. Wenn so etwas in Verkaufsverhandlungen von Kundenseite mit Ihnen gespielt wird, bedenken Sie bitte Folgendes: Sie sind nicht angeklagt, Sie haben keine Handschellen angelegt bekommen, und niemand darf Ihnen die Schreibtischlampe ins Gesicht drehen.

Lösung mit „Ich-Botschaften"

Besonders für das vorige Beispiel (good cop – bad cop) sowie für alle anderen „Einkäufertricks" gibt es ein geniales Gegenmittel. Verwenden Sie „Ich-Botschaften". Das heißt, Sie beschreiben in Ihrer Aussage, wie Sie die Situation aus Ihrer Sicht erleben. Sie sagen also nicht, was die anderen tun oder möglicherweise damit bezwecken, sondern Sie sagen, wie es Ihnen jetzt damit geht.

Am Beispiel des Good-cop-bad-cop-Spieles aus der Verkaufspraxis:

„Ich habe jetzt das komische Gefühl, mit mir wird das Spiel ‚guter Bulle – böser Bulle' gespielt. Dabei geht es mir nicht gut, weil ich mich als Lieferant und Geschäftspartner in so einer Situation schlecht behandelt und nicht wertgeschätzt fühle."

Das ist zwar ein ordentlicher Brocken, aber er ist für die Gesprächspartner viel leichter zu nehmen als dieselbe Aussage als „Du-Botschaft". Das würde nämlich so klingen:

„Sie spielen jetzt mit mir ‚guter Bulle – böser Bulle'. Das zeigt Ihre Geringschätzung und Sie behandeln mich als Geschäftspartner schlecht."

Das ist in etwa derselbe Gesprächsinhalt, aber eben als Du-Botschaft. Verwenden Sie im Zweifel Ich-Botschaften, wenn Sie einen Missstand aufzeigen oder einen bestimmten Sachverhalt kritisieren wollen. Sie werden sehen, Ihre Geschäftspartner können die Kritik viel leichter nehmen und werden auch eher bereit sein, darauf einzugehen.

Nein sagen können

Sophia Loren, berühmte Filmschauspielerin und große Persönlichkeit aus Italien, hat einmal gesagt:

> **„Meine Lebensqualität hat sich von dem Zeitpunkt an schlagartig gebessert, als ich gelernt habe, Nein zu sagen, höflich, aber bestimmt: Nein."**

Für uns Verkäufer, die wir ja für unsere Kunden immer das Beste wollen, ist das oft nicht ganz so einfach. In unserem Bemühen, es unseren Kunden immer recht zu machen, können wir zwischen den verschiedenen Standpunkten und Anforderungen richtiggehend aufgerieben werden. Lernen wir daher „Nein“ zu sagen. Mit einem freundlichen Gesicht und höflich. Dem Gesprächspartner ist ein klares und freundliches Nein oft viel angenehmer als ein zögerndes „Jein“ oder „Vielleicht“, weil er jetzt weiß, woran er ist.

Dazu ein Beispiel: Angenommen, Sie haben in zwei Wochen eine fünftägige Geschäftsreise vor. Für ein Meeting fliegen Sie nach London und haben anschließend noch einen Abstecher nach Amsterdam geplant. So bietet sich die Gelegenheit, Ihr Auto für den längst fälligen Service in die Werkstatt zu bringen und die Reifen wechseln zu lassen. Sie rufen also bei der Werkstätte Ihres Vertrauens an. Dem Werkstättenleiter (mit dem Sie übrigens „per du“ sind) sagen Sie:

„Lieber Franz, ich bin übernächste Woche von Dienstag bis Freitag auf Geschäftsreise und würde dir gerne das Auto bringen, damit du die besprochenen Arbeiten machen kannst. Kann ich dir das Auto auf dem Weg zum Flughafen am Dienstagfrüh vorbeibringen?“

Darauf sagt der Werkstättenleiter:

„Mhh, … zur Zeit ist es besonders schlecht, aber ich werde sehen, was ich machen kann. Komm einfach vorbei.“

Gesagt, getan. Am Dienstag auf dem Weg zum Flughafen fahren Sie zur Werkstatt. Dort treffen Sie einen sehr hektischen Franz, der Ihnen sagt:

„Tut mir leid, aber ich habe jetzt auch noch einen Mechaniker im Krankenstand und bringe dein Auto leider nicht mehr bis Freitag fertig. Reicht es, wenn ich es nächste Woche mache?“

Wie geht es Ihnen jetzt? Sie sind mit Recht sauer. Hätte der Werkstättenleiter vor zwei Wochen gesagt, dass er das nicht schafft und ein klares freundliches „Nein“ ausgesprochen, so hätten Sie alle Möglichkeiten gehabt, sich nach einer Alternative umzusehen.

Das Beispiel soll verdeutlichen, dass ein eindeutiges, freundliches „Nein“ auch für den Gesprächspartner meistens viel besser ist als ein zögerliches Hinhalten.

Zehn Tipps für den Umgang mit Einkäufertricks

1. Verlangen Sie das Mitbewerberangebot.
2. Nehmen Sie persönliche Angriffe als Versuch des Kunden herauszufinden, wie belastbar Sie sind.
3. Vermeiden Sie Auftragsversteigerungen – auf jeden Fall, wenn Sie vorher nicht informiert wurden.
4. Lassen Sie sich nicht auf Nebenschauplätze verführen.
5. Lassen Sie Einwände Dritter nicht gelten und holen Sie die Teilnehmer zum Gespräch zurück.
6. Lassen Sie sich nicht mit der Mitleidstour kaufen.
7. Legen Sie gegen Geschäftsbedingungen mit Schlechterstellungen schriftlich Einspruch ein.
8. Verlassen Sie das Polizeirevier.
9. Entschärfen Sie die Situation mit Ich-Botschaften.
10. Sagen Sie höflich, freundlich, aber bestimmt: „Nein!“.

Zum Abschluss dieses Kapitels

Mittlerweile können Sie die drei Fragen vom Beginn des Kapitels sicher leicht beantworten. Zu Frage Nr. 2 (Preislisten vorab senden) möchte ich noch ergänzen:

Es hängt natürlich von der Branche und den üblichen Geschäftsabläufen ab. Grundsätzlich empfehle ich, Kunden, die einen Verkäufer nicht empfangen wollen, auch keine Unterlagen zu senden. Meistens ist es schade um das Porto und die Papierkosten, weil Ihre Unterlagen ohnehin nur für einen Mitbewerbervergleich herangezogen werden.

Zur dritten Frage noch eine Anmerkung: Es gibt keine generelle Faustregel, wie lange man bei einem vereinbarten Termin „Verspätungen" des Kunden in Kauf nimmt. Das hängt von dem Geschäft und Ihren persönlichen Toleranzgrenzen ab. Wenn Sie gehen, hinterlassen Sie Ihrem Kunden eine kurze handschriftliche Notiz mit Ihrer Telefonnummer und der Bitte um einen Rückruf.

Die Lösung der drei Problemstellungen bereitet Ihnen sicher, spätestens jetzt, keine Schwierigkeiten mehr. Sie können die Antworten verschiedener Leser auf unserer Homepage (**www.vbc.biz**) nachlesen und selbst Ihre Meinung dazu kundtun.

13 Rabatt-Design

Nachlässe gewinnschonend gestalten

Können Sie diese drei Fragen beantworten?

1. Wie viel müssen Sie mehr verkaufen, wenn Sie 5 Prozent Rabatt geben, um auf denselben Ertrag zu kommen?

2. Was ist für Sie als Lieferant billiger: 10 Prozent Rabatt oder 20 Prozent Naturalrabatt? (Das heißt zum Beispiel: Bestellt und bezahlt werden 100 Stück, geliefert aber 120.)

3. Was ist für Sie als Lieferant besser: 2 Prozent Skonto in 14 Tagen oder 90 Tage netto?

Können Sie die folgenden drei Probleme lösen?

1. Barbara Bauer verkauft im Außendienst Hilfsprodukte für die Lebensmittelproduktion an lebensmittelverarbeitende Betriebe. Einer ihrer zehn großen Kunden kauft unter anderem bei ihr Einmalhandschuhe. Die Firma, bei der Frau Bauer arbeitet, hat ein ausgeklügeltes Rabattsystem. So bekommt der Großkunde, um den es in diesem Beispiel geht, 17 Prozent so genannten „Hausrabatt" (die höchste Stufe beträgt 20 Prozent – das weiß der Kunde nicht). Für die Einmalhandschuhe gibt es noch einen Staffelpreis, abhängig von der Jahresabnahmemenge (von diesem Preis werden dann die 17 Prozent Hausrabatt abgezogen). Nun hat Kollegin Bauer für das laufende Jahr mit dem Kunden eine Mindestabnahme von 100.000 Paar Handschuhen vereinbart. Der Kunde kauft natürlich nicht die ganze Menge auf einmal, sondern gibt im Durchschnitt einmal pro Monat eine Bestellung auf (Abrufauftrag).
   Nun – gegen Jahresende – hat Barbara Bauer ein Gespräch mit dem Einkäufer. Im abgelaufenen Jahr wurden insgesamt nur 45.000 Paar der Handschuhe bestellt, aber jeweils der günstigere „100.000er"-Preis verrechnet. Wie soll Kollegin Bauer hier vorgehen?
   Die Preisstaffel beläuft sich auf:
   - Preis pro Paar 48 Cent,
   - bei mindestens 10.000 Stück 41 Cent,
   - bei mindestens 50.000 Stück 37 Cent,
   - bei mindestens 100.000 Stück 34 Cent (dieser Preis wurde verrechnet).

2. Franz Schuhmacher verkauft als Außendienstmitarbeiter einer angesehenen Firma Frisörbedarf. Seit zwei Jahren versucht er bei einer großen Frisör-Franchisekette mit seinen Wasch- und Pflegeprodukten ins Geschäft zu kommen. Mit zwei Frisörgeschäften (Franchisenehmer) wurden mehrmonatige Probeläufe gemacht. Die Ergebnisse sind gut bis hervorragend, und Kollege Schuhmacher kann eine Einsparung von 3 bis 5 Prozent gegenüber den bisher verwendeten Produkten dokumentieren. Bei dieser Einsparung handelt es sich um den tatsächlichen Materialaufwand für ein Frisörgeschäft zum Beispiel pro Haarwäsche, Balsam, Pflegepackung etc.
Nun hat Franz Schuhmacher bei der Jahreshauptversammlung aller Franchisenehmer (238 Stück) und des Franchisegebers die Ergebnisse der Tests präsentiert, und alle Anwesenden haben einstimmig beschlossen, auf die Produkte von Schuhmachers Firma umzusteigen. Die Franchisenehmer sind „de jure" selbständige Unternehmer und beziehen die Produkte zu den vereinbarten Preisen direkt bei Schuhmachers Firma. Kollege Schuhmacher wird aber noch vom Franchisegeber zu einer Nachverhandlung eingeladen. Dabei eröffnet ihm der Geschäftsführer des Franchisegebers, dass es üblich sei, von dem getätigten Umsatz 3 Prozent Bonus einmal im Jahr an den Franchisegeber auszuschütten. Was raten Sie unserem Verkäufer?

3. Angenommen, Sie verkaufen hoch spezialisierte Computerbauteile für Nischenmärkte. Die verrechneten Preise für ein und dasselbe Produkt variieren zwischen verschiedenen Kunden. Es hängt von den Abnahmemengen, der Einkaufshistorie, früheren guten oder schlechten Verhandlungen usw. ab.
Die Firma XY ist einer Ihrer großen Kunden, kauft ganz ansehnliche Mengen (7 Prozent Ihres Jahresumsatzes) und hat einen Rabatt von 21 Prozent auf Ihre Listenpreise. XY hat einen anderen Ihrer Kunden aufgekauft. Dabei handelt es sich um eine relativ kleine Firma, die Produkte für die Weltraumforschung entwickelt. Aus irgendwelchen Gründen haben Sie dieser Firma schon vor Jahren einen besonderen Rabatt von 25 Prozent eingeräumt. Die XY-Einkäufer haben das mitbekommen und möchten von Ihnen nun zweierlei:
Erstens eine Erklärung, warum diese kleinere Firma mit den viel geringeren Abnahmemengen einen besseren Rabatt hatte als XY.
Zweitens selbstverständlich auch die 25 Prozent Rabatt für die Lieferungen an XY, rückwirkend für das laufende Jahr.
Wie gehen Sie vor?

Rabatt-Gewinn-Hebel

Wir befinden uns in der Verkaufstagung bei einem Hersteller von Spezialwerkzeugen. Es ist 15.30 Uhr nachmittags. Am Vormittag wurden die Zahlen der vergangenen Quartale präsentiert und verglichen. Die Kollegen von der Technik haben neue Produkte präsentiert, und gemeinsam mit den anwesenden 16 Außendienstmitarbeitern und den drei Gebietsleitern wurden die Aktivitäten für das kommende Jahr besprochen. In der soeben beendeten Nachmittagspause gab es zwar Kaffee, Tee, Mineralwasser und Fruchtsäfte, aber nichts zu essen. Die üblichen Brötchen und das Gebäck fehlten diesmal. Manchen fiel es auf, und sie dachten an ein Versehen des Hotels. Als nach der Pause alle wieder in den Konferenzraum zurückkommen, sehen sie es: Vorne auf dem Tisch steht eine große, runde, glänzende Sachertorte. Die Beteiligten fragen sich jetzt, was das soll und warten neugierig, wie es weitergeht.

Der Verkaufsleiter kommt schwungvoll herein, ignoriert die Torte, stellt sich zum Flipchart, nimmt einen dicken Stift und schreibt die Zahl „5“ und dahinter ein Prozentzeichen auf das weiße Blatt Papier. Er schließt den Stift und lässt den Blick durch den Raum schweifen. Es ist mucksmäuschenstill, alle Augen fixieren den Verkaufsleiter und das Flipchart. Dann kommt endlich die Auflösung. Der Verkaufsleiter sagt:

„Liebe Kollegen, angenommen, diese Torte repräsentiert den Unternehmensgewinn unserer Firma für das kommende Jahr. Wie viel davon würden wir opfern, wenn wir durchschnittlich 5 Prozent mehr Rabatt geben müssten, der Stückzahlumsatz aber gleich bliebe?“

Jetzt sieht man erleichterte Gesichter, weil die Kollegen zumindest wissen, was es mit der Torte auf sich hat. Manche ziehen die Stirn in Falten und manche blicken nach oben und murmelten leise vor sich hin. Offensichtlich sind jetzt einige am Rechnen. Die Antworten kommen zuerst zögernd und in verschiedener Form. Einer zeigt mit Daumen und Zeigefinger eine ca. fünf Zentimeter lange Strecke an und meint, dass man ein so großes Stück herausschneiden müsse. Andere wieder geben Prozentwerte zwischen 5 und 20 an, und einer meint gar, dass man ca. ein Viertel der Torte (des Gewinns) verlieren würde. Der Verkaufsleiter notiert schweigend die verschiedenen Meinungen auf das Flipchart.

Dann nimmt er ein langes Tortenmesser und geht auf die Torte zu. Einige der Teilnehmer freuen sich schon, denn sie haben ja zum Kaffee nichts zu essen bekommen. Der Verkaufsleiter macht einen langen Schnitt quer durch die Mitte und teilte das Backwerk in zwei gleich große Hälften. Zum Schrecken aller Anwesenden wirft er eine Hälfte kommentarlos in den Papierkorb. Nach der ersten Schrecksekunde erklärt er den Anwesenden die Rechnung:

„Unser Unternehmen erwirtschaftet ca. 10 Prozent Gewinn vom Umsatz. Im letzten Jahr haben wir 120 Millionen Euro umgesetzt und auch ziemlich genau zwölf Millionen Euro Gewinn gemacht. Von den zwölf Millionen Gewinn haben wir ca. vier an das Finanzamt abgeliefert, vier haben die Eigentümer bekommen und weitere vier haben wir in das Unternehmen reinvestiert. Wenn wir also durchschnittlich 5 Prozent mehr Rabatt geben und alle anderen Parameter gleich bleiben (Stückzahl, Umsatz etc.), bleiben auch unsere Kosten gleich. Daher schlagen sich die 5 Prozent direkt bis zum Gewinn durch. Das heißt, wir haben mit 5 Prozent mehr Rabatt den halben Unternehmensgewinn verschenkt."

Der Verkaufsleiter hat hier seinen Mitarbeitern sehr anschaulich eine Binsenweisheit aus der Kostenrechnung erklärt. Wir nennen das den „Rabatt-Gewinn-Hebel". Wir Verkäufer vergessen diese Gesetzmäßigkeit im Alltag gerne, und es ist gut, uns hin und wieder daran zu erinnern.

So erschreckend das Beispiel mit der Torte für alle auch gewesen sein mag, es gibt auch eine gute Nachricht dabei: Die Torte lässt sich vermehren. Das heißt, der Hebel wirkt natürlich in beide Richtungen. Wenn es uns also gelingt, unsere Preise durchschnittlich zu erhöhen (oder durchschnittlich weniger Rabatt als bisher zu geben), wirkt sich das bei gleich bleibenden anderen Kosten direkt positiv auf den Gewinn aus. Die Hebelkraft hängt davon ab, wie viel Prozent Gewinn wir vom Umsatz machen.

Rabattitis

Es gibt Firmen, die mit ihren verschiedensten Rabatten die eigene EDV-Abteilung lahm legen. Da ist zum Beispiel der „Hausrabatt", den ein bestimmter Kunde ohnedies hat. Dazu kommen noch ein gewisser Mengenrabatt und ein Bonus, der ausgeschüttet werden muss, weil dieser Kunde zu einer bestimmten Einkaufsgruppe gehört. Zum Darüberstreuen gibt es Einführungsrabatte für neue Produktgenerationen, Aktionsrabatte etc. etc.

Das mag ja gute und nachvollziehbare Beweggründe haben. Ich selbst war Geschäftsführer in einer Firma, die in einem bestimmten Produktsegment so agierte. Ich habe also ebenfalls schon solche Dummheiten gemacht. Die große Gefahr ist die mögliche Verwirrung auf beiden Seiten. Der Kunde verliert schnell den Überblick, kennt sich bei den Rechnungen nicht mehr aus und hat latent das ungute

Gefühl, über den Tisch gezogen zu werden. Die Verkäufer und Sachbearbeiter des Lieferanten müssen ständig auf der Hut sein, bei einem bestimmten Auftrag nicht zu viel oder zu wenig Rabatt zu geben.

Manche Leser werden sich jetzt wahrscheinlich kopfschüttelnd fragen, warum man so etwas überhaupt macht. Bevor wir jetzt aber allzu schnell urteilen, müssen wir berücksichtigen, dass es bestimmte Märkte und Marktsegmente gibt, in denen das durchaus üblich ist und von den Kunden auch so gelernt wurde. Dennoch ist die inflationäre Entwicklung von verschiedensten Rabatten potentiell gefährlich und kann zur „Rabattitis" (Rabattkrankheit) ausarten. Dabei erkrankt der Unternehmensgewinn an zu vielen Rabatten. Wenn Sie in einem Unternehmen tätig sind, das an „Rabattitis" leidet (oder zu leiden droht), müssen zwei Dinge sichergestellt sein, damit eine Änderung nicht in einem noch größeren Dilemma endet:

1. Sie sollten idealerweise ganz oben in der Hierarchie sitzen (also Chefin oder Chef sein) oder zumindest über ausgezeichnete Argumente und einen besonders guten Zugang zur obersten Entscheidungsebene haben.
2. Für die Änderung eines über viele Jahre gewachsenen, komplexen Rabattsystems benötigen Sie ein professionelles Projektmanagement, welches die Einflüsse in den verschiedensten Bereichen (Kunden, Mitarbeiter, EDV, Fakturierung, Werbung und PR etc.) berücksichtigt.

Lassen Sie Ihre Kunden für den Rabatt bezahlen

Um Ihr „Rabattdesign" wirklich möglichst gewinnschonend zu gestalten, ist folgende Überlegung wichtig:

Für jeden Rabatt muss der Kunde etwas tun oder hergeben.

Der Kunde „bezahlt" also für seinen Nachlass. Oft haben Kunden den „Glaubenssatz", dass sie Rabatte als Belohnung für zähes und langes Verhandeln bekommen. Das ist brandgefährlich! Hat Ihr Kunde einmal diesen Glaubenssatz, so ist er quasi dazu gezwungen, bei jeder Einkaufsentscheidung mit Ihnen „zäh und lange" zu verhandeln. Ansonsten kommt er seinem Glauben entsprechend nicht zu dem für ihn optimalen Preis. Lehren Sie also Ihrem Kunden, dass Rabatte immer auf einem Gegengeschäft basieren: Der Kunde bekommt Rabatt und muss dafür etwas geben oder leisten.

Hier einige Beispiele:

Mengenrabatt

Der Mengenrabatt ist ein Klassiker, der in vielen Bereichen gute Dinge bewirken kann. Der Kunde bekommt also einen höheren Nachlass, wenn er größere Mengen kauft. Das heißt, Sie geben als Lieferant die Kostenvorteile, die Sie durch eine größere Stückzahl realisieren, an den Kunden weiter.

Achtung! Lassen Sie sich niemals breitschlagen, für eine geringere Stückzahl den nächsthöheren Mengenrabatt zu gewähren. Hat der Kunde einmal gelernt, dass so etwas geht, wird er nie wieder davon abrücken und immer wieder versuchen, den höchsten Mengenrabatt zu bekommen, obwohl er nur geringere Mengen kauft.

Staffelrabatt

Dazu gibt es mehrere Interpretationen. Hier meine ich eine Spezialform des Mengenrabattes. Der Kunde bekommt den günstigeren Preis für die größere Abnahmemenge nur für den Mengenanteil, der die Schwelle überschreitet. (Zum Beispiel: „Ab 1000 Stück 5 Prozent Staffelrabatt" bedeutet, dass für die ersten 1000 Stück der normale Preis bezahlt wird, und nur alle über 1000 liegenden Mengeneinheiten werden dann mit zusätzlich 5 Prozent rabattiert.)

Ansonsten gilt auch hier wiederum dieselbe Bemerkung wie beim Mengenrabatt.

Weniger Teillieferungen

Das bedeutet, der Kunde bekommt ein Preiszugeständnis, wenn er seinen Jahresbedarf in weniger Lieferungen unterteilt als bisher. Das heißt, Sie geben Ihren Vorteil als Lieferant, den Sie aus größeren Liefermengen (bei gleicher Jahresabnahmemenge und weniger Lieferungen ist die Menge pro Lieferung größer) lukrieren, an den Kunden weiter.

Kürzeres Zahlungsziel

Ihr Kunde bekommt einen Preisvorteil, wenn er das Geld schneller überweist. Das heißt, Sie geben über ein Skonto den Zinsvorteil an den Kunden weiter.

Abholung oder Selbstmontage

Auch im Einzelhandel gibt es den so genannten „Kassenabholpreis" bei größeren Produkten, wie zum Beispiel bei Kühlschränken oder Waschmaschinen, die man sich sonst vom Geschäft zustellen lässt. In dieselbe Sparte fällt alles, was Ihnen der Kunde im Zuge des Geschäfts an Arbeit abnimmt. Dafür bekommt er dann einen Kostenvorteil.

Garantieverkürzung

Garantieverkürzung geht natürlich nur im Rahmen der gesetzlichen Möglichkeiten. Speziell bei Geschäften mit Endkonsumenten werden vom Gesetzgeber bestimmte Mindestgarantiezeiten vorgeschrieben. Im Business-to-Business-Bereich (Verkauf an Unternehmen und größere Organisationen) ist das anders. Wenn Ihr Kunde also bisher immer drei Jahre Garantie von Ihnen bekommen hat und wenige bis gar keine Garantiefälle auftraten, so kann es für ihn Sinn machen, auf einen gewissen Teil der Garantiezeit zu verzichten und dafür ein Preiszugeständnis zu bekommen.

Längere Lieferzeiten

Wenn Sie als Lieferant durch eine Verlängerung der Lieferzeit Kosten einsparen können, so kann das in Form eines Rabattes für Ihren Kunden interessant sein. Voraussetzung dafür ist, dass der Kunde seine Informationssysteme und Logistik so weit optimieren kann und dadurch nicht seinerseits einen Kostennachteil hat.

Referenzen

Gerade bei prestigeträchtigen Kunden kann es durchaus Sinn machen, ein Preiszugeständnis an das Versprechen zu knüpfen, für potentielle, zukünftige Interessenten als Referenzgeber zur Verfügung zu stehen. Bei komplexeren Installationen und maßgeschneiderten Lösungen (zum Beispiel eine hochmoderne, computergesteuerte Schnapsbrennerei), kann es für Sie als Lieferant vorteilhaft sein, mit potentiellen Kunden (Interessenten) zu einem bereits bestehenden Kunden zu gehen, der Ihre Anlage in Betrieb hat und aus Anwendersicht Informationen darüber geben kann.

Mut zur Kommastelle

Nirgends steht geschrieben, dass Rabatte immer 5, 10, 15, 20 Prozent etc. sein müssen. Fassen Sie sich ein Herz und bieten Sie Ihrem Kunden 0,79 Prozent Jahresbonus an, wenn er sich eigentlich 3 Prozent erwartet hat. Sie können sich dann immer noch auf 1,47 Prozent hinaufhandeln lassen und haben unter Umständen einige 1000 oder 100.000 Euro Gewinn eingespart.

Rabatte auf Zeit

Sorgen Sie dafür, dass der „Einführungsrabatt" ein Ablaufdatum hat und von allen eingehalten wird. Nichts ist schlimmer, als wenn sich ein Einführungsrabatt stillschweigend zu einer Gewohnheit entwickelt und Ihre Unternehmensgewinne reduziert.

Es hat sich bewährt, grundsätzlich alle Rabattvereinbarungen mit einem Ablaufdatum zu versehen. Manchmal kann es aus strategischer Sicht gut sein, eine mehrjährige Vereinbarung zu treffen. Das ist immer dann der Fall, wenn sich auch der Kunde zu einer bestimmten Abnahme über einen bestimmten Zeitraum verpflichtet.

Zum Abschluss dieses Kapitels

Mittlerweile können Sie die drei Fragen vom Beginn dieses Kapitels leicht beantworten. Die Antwort der ersten Frage hängt natürlich davon ab, wie viel Gewinn Sie in Prozent vom Umsatz machen (siehe auch Rabatt-Gewinn-Hebel). Dasselbe gilt für die zweite Frage. Bei der dritten Frage ist zu berücksichtigen, zu welchen Zinsen Sie Ihre Kundenforderungen finanzieren oder welche Zinsen Sie lukrieren können, wenn Sie das Geld von Ihrem Kunden früher bekommen.

Die Lösung der drei Problemstellungen bereitet Ihnen spätestens jetzt keine Schwierigkeiten mehr. Sie können die Antworten verschiedener Leser auf unserer Homepage (**www.vbc.biz**) nachlesen und selbst Ihre Meinung dazu kundtun.

14 Das schriftliche Angebot

Und wie man seine Kunden sonst noch vergraulen kann

Können Sie diese drei Fragen beantworten?

1. Ihr Kunde faxt lediglich das Angebot mit einem handschriftlichen O. K. und seiner Unterschrift zurück. Reicht dies als schriftlicher Auftrag?

2. Was ist zu tun, wenn Ihr Kunde zusammen mit seinem Auftrag eine Kopie seiner Geschäftsbedingungen mitschickt, obwohl Sie bereits bei der Angebotslegung Ihre Geschäftsbedingungen (die leicht davon abweichen) beigelegt haben?

3. Was tun Sie, wenn Ihr Kunde eine Preisgültigkeit auf zwei Jahre haben will?

Können Sie die folgenden drei Probleme lösen?

1. Sandra Birg verkauft erklärungsbedürftige mobile Klimaanlagen für Räume von bis zu 500 Kubikmetern Volumen. Für die unterschiedlichsten Raumgrößen hat sie jeweils mehrere Geräte im Angebot, die preislich variieren. Das hängt von den Anforderungen und den jeweiligen Gegebenheiten ab.
Aus dem Verkaufsinnendienst bekommt Kollegin Birg eine telefonische Anfrage weitergeleitet. Sie ruft den potentiellen Kunden zurück. Bei dem Interessenten handelt es sich um eine angesehene, größere Rechtsanwaltskanzlei. Die Gesprächspartnerin am Telefon (die auch zuerst angefragt hat) erklärt, sie möchten drei Geräte für je drei Räume mit ca. 25 Quadratmetern Fläche und drei Metern Raumhöhe und ein Gerät für den Konferenzraum mit 80 Quadratmetern Fläche und ebenfalls drei Metern Raumhöhe. Sandra Birg schlägt einen Gesprächstermin vor. Darauf sagt die Kundin am Telefon: „Wir möchten kein Gespräch, wir möchten ein Angebot über die Ihrer Meinung nach idealen Geräte für die genannten Raumgrößen. Erst nach Erhalt des Angebots entscheiden wir, ob wir ein Gespräch oder eine Vorführung möchten."
Was würden Sie Kollegin Birg jetzt raten?

2. Angenommen, Sie sind Verkäufer einer großen Fensterfirma. Ihre Unternehmung hat sich auf Dachflächenfenster in allen möglichen Variationen spezialisiert. Sie hatten schon zwei Gespräche mit einem Architekten, der für einen Schulumbau Fenster benötigt. Kunde ist ein geistlicher Orden, der die Schule besitzt und betreibt. Der Architekt hat einen Auftrag als Generalplaner und Bauherr. Somit hat der Architekt die gesamte Planung gemacht hat und sucht jetzt die richtigen Lieferanten aus. Den Auftrag würden Sie aber (falls Sie zum Zug kommen) vom Orden direkt bekommen, an den auch die Rechnung zu stellen wäre. So weit, so gut.
Nun bittet Sie der Architekt um ein „überhöhtes Angebot". Das heißt, er möchte, dass Sie die Fenster um ca. 15 Prozent teurer anbieten, damit er dann – so behauptet er – bei Ihnen diese Preisdifferenz wieder offiziell „runterhandeln" kann, um bei dem Auftraggeber einen guten Eindruck zu machen.
Wie gehen Sie vor?

3. Thorsten Gross verkauft Handyzubehör an Wiederverkäufer. Er ist angestellter Außendienstmitarbeiter einer Firma, die diese Produkte selbst aus Fernost importiert und unter eigenem Markennamen an den einschlägigen Handel weiterverkauft. Kollege Gross war soeben bei dem Inhaber von sieben Handyshops. Das Erstgespräch lief sehr gut, und der Kunde sagte: „Wenn ich das Angebot über die komplett besprochene Erstausstattung bis morgen acht Uhr Früh auf meinem Tisch habe, können Sie sich gegen Mittag den Auftrag abholen." Thorsten Gross freut sich natürlich über diese Chance und ruft gleich nach dem Gespräch in seiner Firma an. Es ist mittlerweile 16.45 Uhr, und im Verkaufsinnendienst findet sich niemand mehr, der dieses Angebot erstellen und an den Kunden faxen könnte.
Was würden Sie an Stelle von Herrn Gross tun?

Dieses Kapitel ist nicht für alle Leser gleichermaßen interessant ist. In weiten Teilen der Wirtschaft werden Geschäfte ohne „formelle" Angebote getätigt. So kommt zum Beispiel ein Großteil des Einzelhandels heute ohne solche Angebote aus. Auch im Business-to-Business-Bereich (Verkauf an Unternehmen und größere Organisationen) wird nicht immer mit Angeboten gearbeitet. Mit diesem Kapitel wende ich mich daher an diejenigen unter Ihnen, deren Kunden sehr wohl ein schriftliches Angebot möchten.

Mit dem Hinweis auf „Kunden vergraulen" im Untertitel der Kapitelüberschrift meine ich Angebote, die so verfasst sind, dass man bereits beim Lesen einen Widerwillen bekommt. Die Erörterung der Ursachen für diesen Widerwillen finden Sie unter den folgenden Überschriften:

Unpersönlich

Ein Angebot, welches zwar an das richtige Unternehmen adressiert ist, aber nicht an die betreffende Entscheidungsperson, hat bereits einen Nachteil. Besser ist die schriftliche Ansprache der richtigen Person mit Vor-, Zunamen und Titel. Bei mehreren Entscheidungsträgern ist es empfehlenswert, an jeden ein persönliches Exemplar zu senden.

Unübersichtlich

Manche Angebote lesen sich wie die wissenschaftliche Arbeit eines Sadisten, der in erster Linie seine Leser quälen und frustrieren will. Sorgen Sie daher für Übersichtlichkeit und eine klare Gliederung. Sehr bewährt hat sich ein System, bei dem Sie alle entscheidenden Kernaussagen auf die Titelseite bringen. Die genaueren Erklärungen und Details schreiben Sie mit einer klaren Gliederung dann auf die Folgeseiten und in den Anhang. Entscheidungsträger wollen keine mehrseitigen Elaborate lesen, sondern so genannte „Executive Summaries" – eine Zusammenfassung für den Executive, in der auf maximal einer A4-Seite alle Entscheidungsgrundlagen zusammengefasst sind. Wenn Sie das bei Ihren Angeboten schaffen, haben Sie die Nase vorne.

Unverständlich

Oft sind Angebote in unverständlichem Juristendeutsch mit langen Schachtelsätzen verfasst. Das trägt nicht zur Leserfreude und Kaufbereitschaft bei. Auch nicht näher erklärtes „Fachchinesisch“ kann zu einer Falle werden. Eine alte Verkäuferweisheit sagt:

„Nur klare Kundenköpfe kaufen – verwirrte Kunden kaufen nicht.“

Bedienen wir uns daher einer klaren, verständlichen Sprache mit gut leserlicher Satzstruktur.

Bei komplexeren Produkten und Projekten kann das Angebot für den Kunden leicht zu kompliziert werden. Der Kunde liest das Angebot mit all seinen Details und Varianten und weiß am Schluss nicht mehr, was er eigentlich für welchen Preis kaufen kann oder will.

Unprofessionell

Was als professionell gilt, hängt ganz besonders von dem geschäftlichen Umfeld und den branchenüblichen Standards ab. Achten wir darauf, ob das gewählte Papier und Layout zu unserer Firma und unserem Angebot passt (also kein billiges, weißes Kopierpapier mit selbst aufgedrucktem Firmenlogo, wenn wir hochwertige Produkte verkaufen; aber auch kein handgeschöpftes Büttenpapier mit Prägedruck für Discount-Produkte).

Was sich ganz von selbst versteht, möchte ich hier nur der Vollständigkeit halber erwähnen: Stellen Sie sicher, dass alle Angebote, die Ihr Haus verlassen, von einer zweiten Person Korrektur gelesen werden. Der (Fehler-)Teufel schläft nicht, und ein Tippfehler an der falschen Stelle kann den mühsam aufgebauten professionellen Eindruck zunichte machen. Wenn wir Beilagen (Prospekte, Fotos, Zeitungsartikel etc.) verwenden, ist es gut, diese in einem passenden Schnellhefter oder einer Mappe mit leicht verständlicher Inhaltsangabe beizulegen.

Kein Kaufgrund

Manche Angebote beschreiben zwar Produkt, Preis und Lieferzeit sehr detailliert und gut, aber sie liefern dem Leser keinen „Grund“ für eine Kaufentscheidung. Idealerweise stellen wir den „Kundennutzen“ auf die erste Seite. Aus verkäuferischer Sicht ist es darüber hinaus sehr gut, wenn das Angebot mit einer klaren, positiven Handlungsaufforderung schließt.

Fordern Sie zum Beispiel Ihren Kunden auf, das Angebot einfach an der vorgesehenen Stelle zu unterzeichnen und an Sie zurückzufaxen, damit Sie noch innerhalb der XY-Frist liefern können.

Rechtliche Voraussetzungen

In den deutschsprachigen Ländern (Deutschland, Schweiz und Österreich) variieren die rechtlichen Voraussetzungen leicht. Für den Business-to-Business-Bereich (Geschäfte zwischen Vollkaufleuten) gilt das **Zug-um-Zug-Prinzip.**

Ein Geschäft kommt zum Beispiel zustande, indem der Kunde eine Anfrage beim Lieferanten macht. (Es handelt sich entweder um die Anfrage für ein Angebot oder die Anfrage für eine Lieferung – im letzteren Fall kann der Lieferant gleich mit einer Auftragsbestätigung antworten.) Der Lieferant sendet ein Angebot, und der Kunde schickt daraufhin den Auftrag. Dabei ist zu beachten, dass die jeweils letztgenannten Bedingungen gelten. Wenn also der Kunde in seinem Auftrag einen anderen Preis und eine andere Lieferzeit angibt als im Angebot (oder seine Geschäftsbedingungen mitschickt, die zuungunsten des Lieferanten abweichen), dann gelten diese als vereinbart, wenn der Lieferant nicht innerhalb einer angemessenen Frist widerspricht.

Schriftlichkeit ist nicht gefordert, aber in jedem Fall anzuraten

Rein rechtlich können die meisten Geschäfte zwischen Vollkaufleuten auch mündlich vereinbart werden. Dabei ergibt sich im Streitfall aus rechtlicher Sicht lediglich ein Beweisproblem. Der sorgfältige Kaufmann hingegen hält alle wichtigen Punkte schriftlich im Angebot fest. Das sind:

- Genauer Firmenname und Anschrift (je nach Land auch Handelsregisternummer, Umsatzsteuernummer, bei Kapitalgesellschaften die Namen der Geschäftsführer etc.) des Lieferanten
- Genauer Firmenname und Anschrift des Kunden
- Datum und Gültigkeit des Angebots
- Genaue Beschreibung der angebotenen Ware oder Leistung mit dem Preis
- Eventuelle Rabatte und Skonti und die genauen Bedingungen
- Ein Verweis auf die Geschäftsbedingungen (Liefer- und Zahlungsbedingungen), die ebenfalls schriftlich beigelegt sind
- Rechtsgültige Unterschrift des anbietenden Unternehmens

Standardangebote

Vorgefertigte Textbausteine und Standardtexte haben sich besonders dann bewährt, wenn man zu bestimmten Produkten und Leistungen öfter dieselben oder ähnliche Angebote machen muss. Im EDV-Zeitalter stellt das auch kein Problem dar. Verfassen mehrere Mitarbeiter Angebote, so kann man mit Standardtexten auch eine gewisse Kontinuität sicherstellen.

Überprüfen Sie die fertigen Bausteine einmal aus rechtlicher und einmal aus verkäuferischer Sicht und bedienen Sie sich der Checkliste am Ende dieses Kapitels.

Nutzen auf die erste Seite

Wie schon einmal erwähnt, hat es sich ganz besonders bewährt, die Kernaussagen eines Angebotes auf die erste Seite zu bringen. Das hilft den stressgeplagten Entscheidungsträgern und idealerweise auch Ihnen.

Verwenden Sie dabei dieselbe Struktur, wie bei der Preisnennung mit „WWW“ (siehe dazu Kapitel 10 „Preisnennung“). In der Form des schriftlichen Angebots sieht das dann wie folgt aus:

1. Wert vermitteln: Beschreiben Sie in kurzen Worten (und/oder Bildern) den Wert des Angebots (für den Kunden).
2. „Ihre Investition beträgt“: So nennen Sie den Preis, den Sie aus verkäuferischer Sicht idealerweise klein rechnen (pro Stück, pro Stunde, pro Einsatz etc.).
3. „Ihr Nutzen ist“: Hier folgt nochmals der wichtigste Nutzen (Kaufgrund) für Ihren Kunden.

Angebote vorab

Wie in der ersten Problemstellung am Kapitelanfang beschrieben, gibt es immer wieder Situationen, in denen ein Kunde für ein beratungsintensives Produkt ein Angebot ohne Beratung will. Hier kann man keine generell richtige Aussage tätigen. Meine Empfehlung lautet: Senden Sie in so einem Fall kein Angebot.

Erklären Sie gegebenenfalls Ihrem Kunden, dass es für ihn weniger Zeitaufwand bedeutet, wenn Sie vorbeischauen und ihm die Sache kurz erklären (und er nicht stapelweise Papier lesen muss) und Sie sich diese Zeit gerne nehmen. Dafür muss Ihr Kunde nichts bezahlen und bekommt danach von Ihnen (ebenfalls ohne Verrechnung) ein maßgeschneidertes Angebot.

Sieben Tipps für Angebote, die verkaufen

1. Professionelles Layout (passend zu Ihrem Firmen-Auftritt und den von Ihnen angebotenen Produkten und Leistungen)
2. Persönliche Kundenansprache
3. Einfache Übersicht und klare Struktur
4. Verständliche Sprache
5. Nutzen auf die erste Seite (1. Wert vermitteln; 2. „Ihre Investition beträgt …"; 3. „Ihr Nutzen ist …")
6. Rechtlicher Check (die beigelegten Geschäftsbedingungen sollten vom Anwalt Ihres Vertrauen überprüft sein)
7. Verkäuferischer Check (eventuell von einem firmenfremden, befreundeten Verkäufer gegenchecken lassen)

Zum Abschluss dieses Kapitels

Mittlerweile können Sie die drei Fragen vom Beginn dieses Kapitels leicht beantworten. Die Lösung der drei Problemstellungen bereitet Ihnen spätestens jetzt keine Schwierigkeiten mehr. Sie können die Antworten verschiedener Leser auf unserer Homepage (**www.vbc.biz**) nachlesen und selbst Ihre Meinung dazu kundtun.

15 Preiserhöhungen erfolgreich verkaufen

„… sonst geht es Ihnen aber noch gut?"

Können Sie diese drei Fragen beantworten?

1. Soll man eher vor oder nach seinem Hauptkonkurrenten die Preise erhöhen?

2. Kann man auch unterjährig die Preise erhöhen (zum Beispiel sechs Monate nach der letzten Erhöhung)?

3. Soll man seine Stammkunden bei einer Preiserhöhung vorher mit einem Brief informieren, oder ist es besser, wenn der Verkäufer direkt hingeht (und der Kunde nicht vorbereitet wird)?

Können Sie die folgenden drei Probleme lösen?

1. Sie kommen als Außendienstmitarbeiter mit einer Preiserhöhung von 4,7 Prozent zu Ihrem Kunden. Das Einkaufsvolumen dieses Kunden beträgt ca. 10 Prozent Ihres gesamten Umsatzes. Für Kunden und Geschäfte dieser Größenordnung haben Sie einen Verhandlungsspielraum von 5 Prozent, über den Sie selbst (ohne Rückfrage in der Geschäftsleitung) entscheiden können. Ihr Kunde sagt Ihnen in dem Gespräch in etwa Folgendes: „Die Preiserhöhung ist für uns untragbar. Entweder Sie nehmen die Preiserhöhung zurück, oder wir müssen uns um einen anderen Lieferanten umsehen."
   Wie würden Sie vorgehen?

2. Judith Hefel ist Key-Account-Managerin bei einer Großwäscherei. Sie kommt zu einem Termin mit dem Einkaufsleiter einer Hotelkette, die bei Frau Hefels Firma seit zwei Jahren waschen lässt. Seit dem letzten Gespräch mit diesem Kunden gab es eine Preiserhöhung für die Reinigung der Tischwäsche, die aus einem firmeninternen Versehen nicht an die Hotelkette kommuniziert wurde. Es wurden also bereits Rechnungen mit den neuen (3,2 Prozent höheren) Preisen verrechnet. Der Kunde ist aufgebracht, fühlt sich übervorteilt und fordert von Kollegin Hefel eine Gutschrift über die mehr verrechneten Beträge. Weiter besteht er auf einer Fixierung der vorherigen Preise für noch mindestens zwölf Monate.
Was schlagen Sie Frau Hefel vor?

3. Bernd Hartmann ist Verkaufsleiter eines Stahlproduzenten. Die Firma ist auf Rundstahldrähte spezialisiert. Kollege Hartmann besucht einen Kunden in Frankreich, der mit den von Hartmann gelieferten Rundstahlwaren Schrauben für mehrere Autozulieferer produziert. Die letzte Preisverhandlung liegt erst ein knappes halbes Jahr zurück, und Kollege Hartmann ist aufgrund der exorbitant gestiegenen Stahl-, Erz- und Schrottpreise gezwungen, seinem Kunden eine 12-prozentige Preiserhöhung zu „verkaufen". Der Kunde akzeptiert das nicht und sagt: „Sie können nicht nach einem halben Jahr schon wieder die Preise erhöhen. Wenn Sie es mit dieser Preiserhöhung ernst meinen, werde ich mir einen anderen Lieferanten suchen und so schnell als möglich umsteigen. So lange ich in dieser Firma bin, werden wir dann auch nicht mehr bei Ihnen kaufen."
Wie soll Bernd Hartmann hier vorgehen?

Preiserhöhungen sind für Kunden (und oft auch für Verkäufer) ein negativ behaftetes Thema. Dementsprechend schwierig gestalten sich oft diese Gespräche. Für viele Verkäufer ist die Preiserhöhung ein echtes „Angstthema". Wir Verkäufer tappen dabei oft in eine ähnliche Angstfalle, wie ich sie im Kapitel 9 „Psychologie der Preisverhandlung" bereits beschrieben habe. Wie bei den meisten verkäuferischen Themen kommt es in der Preiserhöhung ganz speziell auf die innere Einstellung an. Mit folgender Einstellung werde ich auch mit den besten Argumenten nur wenig erreichen:

„Puh, das wird sicher schwierig, meine Kunden werden das wohl kaum akzeptieren, höhere Preise sind in der derzeitigen Marktsituation so gut wie undurchführbar ..." etc.

Gelingt es mir aber zum Beispiel mit folgender Einstellung an das Thema heranzugehen, sind meine Erfolgschancen von vornherein bedeutend höher:

„Der Preis, den der Kunde für meine Ware und Leistung bezahlt, ist auch eine Form der Wertschätzung für mein Produkt, meine Dienstleistung und auch meine Arbeit. Jetzt bekommt der Kunde die Möglichkeit, mir und meiner Leistung noch mehr Wertschätzung zukommen zu lassen. Das, was ich und meine Firma für unsere Kunden tun, stiftet einen Mehrwert und Nutzen, der weit höher ist als der Preis, den der Kunde letztlich dafür bezahlen wird."

Ich gebe zu, es ist nicht immer leicht, diese Einstellung aufrecht zu erhalten, aber die andere (davor beschriebene) Einstellung ist die Zufahrt auf die Verliererstraße.

Beim Lesen der drei Problemstellungen am Kapitelanfang hat sich vielleicht der eine oder die andere von Ihnen gedacht: „Das Problem Nr. 2 ist ja wohl recht unrealistisch. Wer wird schon vergessen, den Kunden zu informieren, bevor er die Preise erhöht?" Nachdem ich in meinem letzten Buch „Trotz Fehlern in den Verkaufsolymp" (siehe Literaturliste auf Seite 205) darüber geschrieben habe, wie wichtig es ist, Fehler als positive Feedbackmöglichkeit und als Lernchance zu erkennen, gebe ich an der Stelle gerne zu, dass mir erst kürzlich so etwas passiert ist.

Beispiel: Einer meiner größeren Kunden kauft zwischen 30 und 50 Trainingstage im Jahr bei mir. Meine dortigen Hauptansprechpartner sind die Geschäftsführerin und die Personalchefin. Gegen Ende des Jahres hatte ich einen Termin mit beiden vereinbart, um die Aktivitäten der vergangenen zwölf Monate und die zukünftige Zusammenarbeit (auch neue Aufträge) zu besprechen. Wir hatten uns in einem bekannten Wiener Kaffeehaus zum Frühstück verabredet. Die Geschäftsführerin musste kurzfristig absagen, und ich traf mich lediglich mit der Personalchefin. Ursprünglich wollte ich bei dieser Gelegenheit auch die Preiserhöhung für das kommende Jahr besprechen (wir hatten davor zwei Jahre die Preise nicht erhöht). Mir erschien es aber unklug, mit der Personalchefin allein über die Preise zu verhandeln, weil die Geschäftsführerin diese meinem Eindruck nach absegnen musste.

Dummerweise habe ich danach das Thema vergessen, und wir haben Ende Januar die ersten Trainings gemacht und die höheren Preise verrechnet.

Die Geschäftsführerin lud mich daraufhin vor und war außer sich vor Wut. Sie hatte das Gefühl, ich hätte mit Absicht versucht, die höheren Preise unkommentiert „einzuschleifen“ und so ihr Vertrauen missbraucht. Das Gespräch war – wie Sie sich denken können – nicht einfach, und ich habe meine Lektion daraus gelernt.

Preisanpassung statt Preiserhöhung

Worte haben oft unglaubliche Macht. Dabei sind es nicht die Worte an sich, die so große Wirkung auf uns Menschen haben, sondern die Gefühle und Emotionen, die wir mit Worten verbinden. Das ist von Mensch zu Mensch und von Kultur zu Kultur stark unterschiedlich und hängt von der persönlichen Biografie jedes Einzelnen ab. Manche Dinge können aber mit einer ziemlichen Sicherheit generell angenommen werden (siehe dazu auch das Thema „Filterworte und Unterstützer“ im Kapitel 10, Seite 124. Daher empfehle ich, statt „Preiserhöhung“ einfach das Wort „Preisanpassung“ zu verwenden. Nicht bei allen, aber wahrscheinlich bei 99 Prozent der deutschsprachigen Menschen, hat das eine neutrale bis positive Anmutung (im Vergleich zu „Preiserhöhung“).

Die gute Botschaft

Eine Preisanpassung lässt sich leichter verkaufen, wenn Sie gleichzeitig mit einer „guten Nachricht“ kommuniziert wird. Die gute Nachricht kann entweder ein neuer Produktnutzen, ein neues oder überarbeitetes Design, eine qualitative Verbesserung etc. sein. Wenn Sie also die Preise zu einem Zeitpunkt anpassen, zu dem Sie auch Produktneuerungen kommunizieren, macht es Sinn, beides gleichzeitig in die „gute Botschaft“ zu verpacken.

Erhöhen und Senken

Anstatt einfach „Listenpreise plus X Prozent“ (kommt bei den Kunden immer schlecht) zu machen, erhöhen Sie besser die Preise für bestimmte Produkte zu unterschiedlichen Sätzen (idealerweise mit guter Begründung) und reduzieren eventuell sogar die Preise von anderen, politisch wichtigen Produkten. Frei nach dem Motto

„Tue Gutes und sprich darüber!“

verkaufen Sie es als gute Nachricht, wenn manche Produkte sogar „günstiger“ werden. Geht das (zum Beispiel aus kalkulatorischen Gründen) nicht, so empfehle ich Ihnen zumindest, unterschiedliche (prozentuale) Erhöhungen für die einzelnen Produkte vorzunehmen. Das sieht auf jeden Fall härter kalkuliert aus als einfach die Botschaft: „Liste plus X Prozent“.

Nach dem Hauptmitbewerber

Sofern Sie sich in einem Markt bewegen, in dem Sie es mit einem Hauptkonkurrenten zu tun haben, erhöhen Sie tunlichst Ihre Preise erst, nachdem es dieser Mitbewerber gemacht hat. In diesem Fall fahren Sie sozusagen in seinem Windschatten und können davon ausgehen, dass die Kunden ihren ersten Frust schon bei Ihrem Hauptkonkurrenten losgeworden sind. Gelingt Ihnen obendrein eine positive Unterscheidung zu Ihrem Mitbewerber in der Art und Weise, wie Sie die „Preisanpassung“ verpacken und kommunizieren, so haben Sie im sportlichen Wettkampf um die Kundengunst wieder einige Punkte gesammelt.

Verkaufsteam optimal vorbereiten

Leider erfahren Verkäufer oft nur sehr kurzfristig von einer bevorstehenden Preisanpassung oder (im noch schlimmeren Fall) gar erst beim Kundenbesuch. Professionelle Firmen und Verkaufsleiter bereiten ihr Team in eigens dafür angesetzten Meetings und Aktivitäten vor. Professionelle Trainingsanbieter wie VBC haben dafür eigene Trainings entwickelt.

Wichtig ist in dem Zusammenhang, dass das Verkaufsteam die Preisanpassung nicht nur kennt, sondern auch versteht und emotional mitträgt. Das Management ist gefordert, zuallererst ihren eigenen Mitarbeitern die Preisanpassung zu „verkaufen“. Wenn das nicht gelingt, wie soll es dann gelingen, die Kunden davon zu überzeugen? Geben Sie also Ihren Mitarbeitern die wichtigen Argumente mit und lassen Sie sie idealerweise diese Gespräche auch gleich üben.

Fürsprecher unterstützen Ihre Argumentation

Wenn ein Kunde von seinem Lieferanten (oder dessen Mitarbeiter) hört, dass aus dem und dem Grund die Preise um so und so viel Prozent nach oben „angepasst“ werden müssen, ist das eines. Bekommt der Kunde aber gleichzeitig den Artikel einer anerkannten Branchenzeitung vorgelegt, in der zum Beispiel die Preisentwicklung in dieser Sparte aufgrund der steigenden Rohstoffpreise beschrieben wird (und dies mindestens so eine Anpassung ergibt wie die vorgeschlagene) wirkt das glaubwürdiger.

Fürsprecher sind also Dinge, die die Aussage des Verkäufers unterstützen und gleichzeitig von einer anderen (als neutraler empfundenen) Quelle kommen. Solche Fürsprecher gehören gut ausgewählt und in die Verkaufsmappe eines professionellen Verkäufers. Damit können Sie beim Kunden Ihre Aussage und Behauptung unterstreichen.

Fürsprecher funktionieren natürlich nicht nur bei der „Preisanpassung“, sondern für alle Verkaufspräsentationen und Verkaufsargumente. Fürsprecher können unter anderem sein:

- Zeitungsartikel
- Testberichte
- Prüfzertifikate
- Schriftlich dokumentierte Aussagen anderer Kunden
- Empfehlungsschreiben anderer Kunden
- Persönliche Empfehlungen
- Musterkalkulationen
- Prospekte
- Präsentationen

- Muster
- Produktdemonstrationen

Menge reduzieren

Anstatt den Preis nach oben zu schrauben, kann man auch den Inhalt nach unten schrauben (bei stabilem Verkaufspreis). Das funktioniert natürlich nur dann, wenn die Mengenreduktion irgendwie logisch begründbar ist – zum Beispiel können Betriebsmittel bei geringerem Verbrauch in kleineren Gebinden angeboten werden.

Aufschub vor Rückzug

Natürlich gibt es immer wieder Kunden, die die Preisanpassung nach oben nicht akzeptieren. Abhängend von der Wichtigkeit des Kunden und dem „Gewicht" seiner Argumente werden wir entscheiden, ob wir einen „Rückzieher" machen oder nicht – nach dem Motto: Lieber einen Auftrag zum „alten" Preis als gar keinen Auftrag. Bevor wir jedoch komplett aufgeben, können wir noch die zukünftigen Gewinne etwas absichern. Wir sagen also nicht:

„O. K., lieber Kunde, wir bleiben bei den alten Preisen." [= Rückzieher]

Sondern wir sagen sinngemäß:

„O. K., lieber Kunde, für Sie als sehr wichtigem Kunden verschieben wir die Preisanpassung auf 31. Juni …"

Somit können wir zumindest sicherstellen, dass wir in einer bestimmten Zeit (idealerweise weniger als zwölf Monaten) doch die höheren Preise verrechnen können. Mit dieser Methode ersparen wir uns auch die nächste (möglicherweise genauso mühsame) Preisverhandlung.

Bedingter Abschluss

Am Ende des Gespräches über die Preisanpassung gibt es mehrere Szenarien:

1. Der Kunde ist mit der von Ihnen gewünschten Preisanpassung einverstanden. – Gratulation, jetzt können Sie feiern gehen.

2. Der Kunde ist zum Teil einverstanden, und Sie haben noch ein, zwei Korrekturen vorgenommen. – Gratulation, Sie haben zumindest eine (teilweise) Erhöhung durchgesetzt.
3. Ihr Kunde akzeptiert die Preisanpassung nicht, und Sie sind mit Aufschub vor Rückzug davongekommen. – Gratulation, Sie ersparen sich die nächste Preisverhandlung und haben nach der Frist des Aufschubes die gewünschten Preise.
4. Der Kunde ist sehr aufgebracht und wird nicht mehr bei Ihnen kaufen. – Gratulation, Sie haben gerade gelernt, wie es leider nicht geht.

Im Fall 2 und 3 (wenn Sie also Zugeständnisse zu Ihrem ursprünglichen Ansinnen gemacht haben) empfiehlt es sich, einen so genannten „bedingten Abschluss" zu machen (siehe dazu auch im Kapitel 10 unter „Abschluss sofort", Seite 133).

Das heißt, dass Ihr Kunde den neuen Jahresauftrag, die Vereinbarung oder was auch immer Sie schriftlich vorbereitet haben seinerseits unterschreibt (mit den nachverhandelten, angepassten Preisen) und Sie handschriftlich vermerken: „Bedingter Auftrag – gilt erst durch die Annahme durch den Lieferanten". Das bedeutet rechtlich, dass Ihr Kunde sich verpflichtet hat, zu diesen Konditionen zu kaufen, Sie sich aber noch nicht verpflichtet haben, zu diesen Konditionen auch zu liefern (erst, wenn Sie oder Ihr Unternehmen den Auftrag annehmen). Das macht Sinn, selbst wenn Sie wissen, dass Ihr Unternehmen den Auftrag sicher annimmt, weil Sie beispielsweise ohnehin den Verhandlungsspielraum für diese Preisanpassung haben. Es macht einen besseren Eindruck auf Ihren Kunden.

Wie schon erwähnt, handelt es sich bei Preisverhandlungen nicht in erster Linie um die Beträge, die jemand für etwas ausgibt, sondern um das Gefühl „ein guter Verhandler, Geschäftsmann, Unternehmer, Einkäufer" etc. zu sein. Wenn der Kunde also das Gefühl hat, er ist zu leicht mit seiner Forderung durchgekommen (siehe mein Autoeinkaufbeispiel im Kapitel 3 „Der Preiskampf"), hat er möglicherweise das schlechte Gefühl „nicht das Optimale herausgeholt zu haben". Beim nächsten Gespräch wird er versuchen, das nachzuholen oder bleibt in Zukunft skeptisch und zurückhaltend.

Den bedingten Abschluss erklären Sie Ihren Kunden idealerweise in etwa wie folgt:

„Lieber Kunde, ich weiß nicht, ob ich in meiner Geschäftsleitung (bei meinem Geschäftspartner, Finanzier, Lieferanten etc.) diese Preiszugeständnisse für Sie durchsetzen kann. Ich werde mich auf jeden Fall dafür einsetzen. Damit mein Chef (Geschäftspartner, Finanzier, Lieferante etc.) weiß, dass Sie es ernst meinen, machen wir daher einen bedingten Auftrag und ich melde mich innerhalb der nächsten drei Tage, um Ihnen mitzuteilen, ob wir mit diesen Preisen durchgekommen sind oder nicht."

Das hat gleich mehrere Nutzen: Ihr Kunde merkt Ihren Einsatz für seine Anliegen. Ihr Kunde merkt weiters, dass Sie bis ans „Limit" gegangen sind, um für ihn die besten Konditionen herauszuholen. Und zu guter Letzt können Sie nach ein paar Tagen mit der „guten Nachricht" bei ihm anrufen und ihm sagen:

„Lieber Kunde, ich habe eine gute Nachricht für Sie – die Sonderpreise für Sie gehen o. k."

Ihr Kunde wird sich umso mehr darüber freuen, und er hat das Gefühl, eben ein guter Verhandler zu sein.

Zum Abschluss dieses Kapitels

Mittlerweile können Sie die drei Fragen vom Beginn dieses Kapitels leicht beantworten. Die Lösung der drei Problemstellungen bereitet Ihnen spätestens jetzt keine Schwierigkeiten mehr. Sie können die Antworten verschiedener Leser auf unserer Homepage (**www.vbc.biz**) nachlesen und selbst Ihre Meinung dazu kundtun.

72-Stunden-Regel

Sie sind jetzt mit dem Buch fertig. Ich hoffe, Sie haben viele Anregungen für Ihre Praxis gefunden und können die von mir für Sie in der Einleitung angepeilte zehnprozentige Einkommenssteigerung leicht überschreiten.

Die 72-Stunden-Regel hilft Ihnen dabei. Die Regel besagt:

Neue Vorhaben werden dann mit der höchsten Wahrscheinlichkeit erfolgreich umgesetzt, wenn wir innerhalb von 72 Stunden „den ersten Schritt" setzen.

Wenn wir länger als 72 Stunden mit dem ersten Schritt warten, sinkt die Erfolgswahrscheinlichkeit drastisch. Gönnen Sie sich Ihren Erfolg, und machen Sie den ersten Schritt **jetzt**! Die weiteren Schritte werden sich dann viel leichter „ergeben".

Schreiben Sie mir Ihre Gedanken und Ihre Erfolgstorys an: **feldmann@vbc.at**

Für die Umsetzung Ihrer Vorhaben und die kommenden Preisverhandlungen wünsche ich Ihnen Vorfreude, Überzeugungskraft und viel Erfolg.

Ihr

Heinz Feldmann

Checklisten

Was kostet ein Außendienstbesuch?

Jahresbruttogehalt	
Gehaltsnebenkosten jährlich (Arbeitgeberbeiträge, Lohnsteuer etc.)	
Aufwendungen für Firmenpension oder sonstige über das Gehalt hinausgehende Zuwendungen jährlich	
Kosten für den Dienstwagen jährlich	
Reisespesen jährlich durchschnittlich	
Kosten für sonstige Ausstattung (Mobiltelefon, Laptop, Homeoffice etc.)	
Aufwendungen für Schulung und Weiterbildung jährlich	
Gesamtkosten pro Außendienstmitarbeiter jährlich	
Jetzt dividieren Sie diese Zahl durch die Anzahl der jährlichen Außendienstbesuche **= Kosten pro Außendienstbesuch**	

Checkliste Besuchsvorbereitung

1. Wer ist mein Kunde (Persönliches)?

a) Was weiß ich über den Menschen?

b) Welche Nutzenerwartung hat der Gesprächspartner?

2. Infos über das Unternehmen (die Institution) des Kunden:

a) Wichtige Produkte/Lösungen?

b) Wichtige Kundeskunden?

c) Preisniveau?

d) Kostenstruktur, Ertragslage?

e) Image in der Branche?

f) Fürsprecher?

g) Abnahmepotential?

3. Historie:

a) Jetziger Lieferant? Jetzige Konditionen? ______________________

____

b) Bedarf? Abnahmemengen? ______________________

____

4. Aktuelles Projekt:

a) Welche Unterlagen? ______________________

____

b) Kalkulationen? ______________________

____

c) Preis-/Wert-Argumente? ______________________

____

d) Welche Einwände könnten kommen? ______________________

____

5. Lust auf Erfolg (Abenteuer):

a) Ziel? ______________________

____

b) Alternativziel? ______________________

____

Vertröster

Damit das Vertrösten im Preisgespräch funktioniert, sollte unsere Formulierung zwei Dinge beinhalten:

1. Ein ausgesprochenes oder zumindest angedeutetes Verständnis für den Kunden und seinen Wunsch nach Preiskenntnis
2. Einen mehr oder weniger plausiblen Grund, warum der Kunde sich noch etwas gedulden muss

Entwerfen Sie hier Ihre eigenen Vertröster:

WWW = Was? Wie viel? Wofür?

Was: Hier fassen Sie kurz zusammen, worum es sich handelt. (Achtung: keine Wiederholung der Präsentation, nur eine kurze Zusammenfassung!)
Wie viel: Hier nennen Sie den Preis, idealerweise mit dem Wort „Investition" verbunden.
Wofür: Jetzt kommt eine kurze Nutzenzusammenfassung: Welchen Nutzen/Vorteil hat der Kunde davon?

Platz für Ihre eigenen WWW-Schleifen:

Was: ______________________________

Wie viel: ______________________________

Wofür: ______________________________

Was: ______________________________

Wie viel: ______________________________

Wofür: ______________________________

Was: ______________________________

Wie viel: ______________________________

Wofür: ______________________________

Auspendeln

Auspendeln funktioniert in drei Schritten:

1. **Nehmen Sie den Einwand/Vorwand an** und zeigen Sie Verständnis.
2. **Wiederholen Sie die Kundenaussage** möglichst wortwörtlich (ohne Wertung, ohne Interpretation).
3. **Stellen Sie eine nutzenorientierte Frage zu einem anderen Punkt** (eben nicht zum Einwand, aber natürlich zum besprochenen Projekt).

Wenn der Kunde nun mit dem Einwand wiederkommt, dann zeigt Ihr Messinstrument an, dass es sich um einen echten Einwand handelt. Bringt der Kunde den vorher genannten Einwand nicht mehr, so handelt es sich um einen Vorwand.

Raum für Ihre Praxisvorbereitung:

Kundenaussage (Einwand/Vorwand):

1. Einwand/Vorwand annehmen und Verständnis zeigen:

2. Wiederholen der Kundenaussage:

3. Eine nutzenorientierte Frage zu einem anderen Punkt:

Kundenaussage (Einwand/Vorwand):

1. Einwand/Vorwand annehmen und Verständnis zeigen:

2. Wiederholen der Kundenaussage:

3. Eine nutzenorientierte Frage zu einem anderen Punkt:

Empfohlene Literatur

Birkenbihl, Vera F.: 115 Ideen für ein besseres Leben. Vera F. Birkenbihl antwortet auf Fragen von Lesern. MVG, Landsberg 1997

Detroy, Erich-Norbert: Engpass Preis. 20 Fragen, 20 Antworten für den Verkauf. Signum, Wien 2000

Detroy, Erich-Norbert: Sich durchsetzen in Preisgesprächen und Preisverhandlungen. 13., aktual. u. erw. Aufl., Redline Wirtschaft, Frankfurt 2004

Feldmann, Heinz: Trotz Fehlern in den Verkaufsolymp. 20 Fragen, 20 Antworten für den Verkauf. Signum, Wien 2004

Goldmann, Heinz M.: Wie man Kunden gewinnt. Das Leitbuch erfolgreicher Verkaufspraxis. 14. Aufl., Cornelsen, Berlin 2005

Harris, Thomas A.: Ich bin o. k., du bist o. k. Wie wir uns selbst besser verstehen und unsere Einstellung zu anderen verändern können. Eine Einführung in die Transaktionsanalyse. Rowohlt, Reinbek bei Hamburg 1995

Hopkins, Tom: Einfach verkaufen. Verlag Heyne Business, München 2002

Köhler, Hans-Uwe: Best of 55. Die Olympiade der Verkaufsexperten. Gabal, Offenbach 2005

Leonard, George: Der längere Atem. Die fünf Prinzipien für langfristigen Erfolg im Leben. Integral, München 1998

Sickel, Christian: Verkaufsfaktor Kundennutzen. Gabler, Wiesbaden 2003

Tripolt, Niklas: Selbstmotivation. Wer wird mich heute motivieren? Signum, Wien 2006

Wage, Jan L., Psychologie und Technik des Verkaufsgesprächs. 12. Aufl., Moderne Industrie, Landsberg 1994

Der Autor

Heinz Feldmann, Jahrgang 1963, VBC-Mitentwickler und Verkaufstrainer, geboren und aufgewachsen am Bodensee, hat mit 15 Jahren eine Lehre als Verkäufer begonnen. Sein Lebens- und Karriereweg führte ihn über verschiedene Stationen im Außendienst, Produktmanagement und Verkaufsleitung (in Österreich, Deutschland, der Schweiz und Südafrika) bis zum Geschäftsführer der Österreich-Tochter eines internationalen Konzerns (Smith & Nephew) im Bereich der Medizintechnik. 1997 gründete er mit drei Partnern das Verkaufstrainingsinstitut VBC (Verkaufs-BeraterInnen-Colleg). VBC ist heute Marktführer in Österreich und hat gute Erfolge in Deutschland und der Schweiz. Heinz Feldmann lebt und arbeitet in Wien.

Sie erreichen den Autor unter:
Academia Gesellschaft für Erwachsenenbildung m.b.H.
Altmannsdorfer Straße 76a, 1120 Wien
Tel: +43/1/595 34 81
Fax: +43/1/595 34 81-20
E-Mail: feldmann@vbc.at

Infos über VBC-Trainings finden Sie unter: www.vbc.biz

Hans-Jürgen Probst
Balanced Scorecard leicht gemacht
Warum sollten Sie mit weichen Faktoren hart rechnen?
224 Seiten, Paperback, 2001
ISBN 3-8323-0761-3

Hans-Jürgen Probst
Bilanzen lesen leicht gemacht
GuV – Gerätselt und verstanden?
256 Seiten, Paperback, 2002
ISBN 3-8323-0705-2

Hans-Jürgen Probst
Controlling leicht gemacht
Wer hat Angst vor schwarzen Zahlen?
240 Seiten, Paperback, 2003
ISBN 3-8323-0987-X

Hans-Jürgen Probst
Kosten senken leicht gemacht
Wer soll das bezahlen?
232 Seiten, Paperback, 2003
ISBN 3-8323-0946-2

Hans-Jürgen Probst
Projektmanagement leicht gemacht
Wie behält man die Nerven, wenn alles schief geht?
224 Seiten, Paperback, 2003
ISBN 3-8323-1036-3

Hans-Jürgen Probst
Kennzahlen leicht gemacht
Welche Zahlen zählen wirklich?
288 Seiten, Paperback, 2004
ISBN 3-8323-1049-5

Gerhard Scheibel
Effiziente Meetings leicht gemacht
Warum viel Sitzen für nichts?
176 Seiten, Paperback, 2002
ISBN 3-8323-0873-3

Fritz Scheuch
Marketing leicht gemacht
Warum gibt es keine Schnitzel bei McDonald's?
320 Seiten, Hardcover, 2002
ISBN 3-8323-0931-4

Alexander Schlick
Führen leicht gemacht
Was Sie als Chef wirklich wissen müssen ...
240 Seiten, Paperback, 2003
ISBN 3-8323-0959-4

Walter Simon
Bewerberauswahl leicht gemacht
Wer passt nach DIN 33430?
216 Seiten, Paperback, 2003
ISBN 3-8323-1037-1

Helmut Sonn, Peter Pawloy
Patentwissen leicht gemacht
Wer schützt Daniel Düsentrieb?
ca. 220 Seiten, Paperback, 2005
ISBN 3-636-01210-X

Thomas Söbbing / Alexander G. Mayer
Outsourcing leicht gemacht
Muss man denn alles selber machen?
232 Seiten, Paperback, 2004
ISBN 3-8323-1019-3

Arthur Wolff
Lizenzgeschäfte leicht gemacht
Wer darf wann was?
320 Seiten, Paperback, 2001
ISBN 3-8323-0819-9